U0348926

# 巴菲特
## 的嘉年华

### 伯克希尔股东大会的故事

[美] 劳伦斯·A. 坎宁安 斯蒂芬妮·库珀 编 王冠亚 译
Lawrence A. Cunningham Stephanie Cuba

## THE
## WARREN BUFFETT
## SHAREHOLDER

Stories from inside the
Berkshire Hathaway Annual Meeting

机械工业出版社
China Machine Press

## 图书在版编目（CIP）数据

巴菲特的嘉年华：伯克希尔股东大会的故事 /（美）劳伦斯·A. 坎宁安（Lawrence A. Cunningham），（美）斯蒂芬妮·库珀（Stephanie Cuba）编；王冠亚译. -- 北京：机械工业出版社，2021.1

书名原文：The Warren Buffett Shareholder: Stories from inside the Berkshire Hathaway Annual Meeting

ISBN 978-7-111-67124-4

Ⅰ. ①巴… Ⅱ. ①劳… ②斯… ③王… Ⅲ. ①金融投资 - 经验 - 美国 Ⅳ. ① F837.124.8

中国版本图书馆 CIP 数据核字（2021）第 001110 号

本书版权登记号：图字 01-2020-1208

## 巴菲特的嘉年华：伯克希尔股东大会的故事

出版发行：机械工业出版社（北京市西城区百万庄大街 22 号 邮政编码：100037）

责任编辑：黄姗姗

责任校对：殷 虹

印　　刷：北京诚信伟业印刷有限公司

版　　次：2021 年 5 月第 1 版第 1 次印刷

开　　本：147mm×210mm 1/32

印　　张：9.5

书　　号：ISBN 978-7-111-67124-4

定　　价：79.00 元

客服电话：（010）88361066 88379833 68326294 　投稿热线：（010）88379007

华章网站：www.hzbook.com 　读者信箱：hzjg@hzbook.com

# 目　录

## 第 1 章　作家

# 第 5 章　专家

# 第 6 章　先锋

# 第7章 经理人

# 第8章 学者

# 第9章 客户

# 第 10 章　传奇

# 赞　誉

　　劳伦斯·A.坎宁安和斯蒂芬妮·库珀为百老汇最伟大的商业秀演出——伯克希尔 - 哈撒韦公司的年度股东大会制作了节目单。这本书是出席股东大会的必备之物。

——罗杰·洛温斯坦

《巴菲特传》作者

　　在 5 月的第一个周末来到奥马哈真好！这本充满智慧的书会给你很多业内人士的意见，告诉你为什么应该来参加股东大会。

——卡萝尔·卢米斯

《财富》杂志资深特约编辑，已退休

一项了不起的集体创作。据我们所知，还没有哪家公司的股东合写过一本关于股东大会参会体验的书。

——马里奥·加贝里
GAMCO 投资者公司董事长兼 CEO

一本精彩绝伦、可读性强、相当有趣的书——所有的一切，都跟世界上最伟大的公司年会有关。

——安迪·基尔帕特里克
《投资圣经：沃伦·巴菲特的真实故事》作者

作为父母，我们把这本书献给

我们两个出色的女儿 Becca 和 Sarah，

以及其他股东的子女，

我们为他们感到自豪。

希望在未来几十年里，

他们都能尽情享受伯克希尔的年会盛宴。

# 译者序

## 你不知道的事：巴菲特股东大会的台前幕后

对于上市公司而言，召开每年一度的股东大会，直面媒体和投资者，可谓在公众场合的一次"大考"。也正因为如此，大多数公司在这一时刻都显得谨慎有余而生气不足，更像是在小心翼翼地"例行公事"。然而，伯克希尔是个例外。对此，巴菲特做出了这样的"自我评价"：

> 相比于千篇一律的股东大会，伯克希尔的股东大会有完全不同的景象。参与大会的人数一年比一年多，而且我们从未遇见过愚蠢的问题或自说自话的评论。相反，我们遇见过各种各样有关商业的深思熟虑的真知灼见。股东大会给了大家一个讨论问题的时间和场合，芒格和我非常乐于回答这些问题，无论时间多长。

　　诚如巴菲特所言，在一众千篇一律、了无生趣的企业年会当中，伯克希尔股东大会俨然是一股"清流"。这本别开生面的小书从40多位参会者的视角出发，对巴菲特股东大会的台前幕后进行了360°的全景式描述。不同于市面上大多数关于巴菲特的书籍，本书没有介绍巴菲特的人生经历或者投资案例，而是从企业文化的角度入手，对巴菲特股东大会的细节娓娓道来。

　　"一千个读者就有一千个哈姆雷特"，在一千个伯克希尔股东眼里，就有一千个股东大会。参与本书创作的股东大会参与者来自各行各业，既有在金融市场上叱咤风云的投资大咖，也有在美国顶级大学从事金融教学的资深教授；既有伯克希尔的外部合作伙伴，也有伯克希尔旗下企业的高管团队。在这些参会者的笔下，对伯克希尔股东大会的描写不但丝毫没有重复和累赘之意，反而平添了色彩斑斓、层次错落之感，让读者恍若身临其境。

　　值得一提的是，本书的创作者大多是投资界蜚声遐迩的知名人士，包括但不限于："指数基金之父"、美国先锋集团创始人、《共同基金常识》作者约翰·博格；哥谭资本创始人、《股市稳赚》作者乔尔·格林布拉特；《巴菲特之道》作者罗伯特·哈格斯特朗；《亲历巴菲特股东大会》作者杰夫·马修斯；《巴菲特致股东的信》编者（同时也是本书的编者）劳伦斯·A. 坎宁安，等等。

《论语》有云，"为政以德，譬如北辰，居其所而众星共之"。实际上，以德行来经营企业，也会产生同样的效果。在人类数百年的投资长河里，出现了无数光彩夺目的名字：库洛姆·戴维斯、约翰·邓普顿、彼得·林奇、约翰·聂夫、乔治·索罗斯……而其中最璀璨耀眼的一颗"明星"，非沃伦·巴菲特莫属。巴菲特如同北极星，前来"朝圣"的股东们如同众星拱月一般围绕在他的周围。

2019年5月初，我飞赴美国奥马哈参加了当年的伯克希尔股东大会。为了能占到内场比较靠近舞台的位置，我和朋友顶着凛冽的寒风，深夜两点就起床排队。到了凌晨四五点，门口已经排起了长龙，前来的人络绎不绝。到年会正式开幕时，偌大的一个体育馆座无虚席。据统计，来自全球各地的"朝圣者"已经超过4万人。为什么巴菲特和他的股东大会会产生如此强大的向心力？我认为核心原因有三个。

**第一，推心置腹的坦诚。**这种对投资者掏心掏肺的坦诚，集中体现在两个方面。一是将投资心法倾囊相授。无论是在股东大会上回答投资者的提问，还是每年撰写致股东的信，巴菲特从不吝于传授自己的投资秘诀，总是毫无保留、和盘托出，知无不言，言无不尽。二是对投资失误毫不掩饰。尽管被外界奉为"股神"，巴菲特却从不讳言自己在投资上所犯过的错误：德克斯特鞋业、美国航空、康菲石油、爱尔兰银行、乐购……巴菲特并不是从不犯错，而是直面、总结、反思所犯的错误，确保"不贰过"。

**第二，无与伦比的专注。**巴菲特曾引用菲利普·费雪的观点来描述公司和股东之间的关系："一家公司吸引股东的方式，就如同餐厅招揽潜在顾客的方式。一家具有特色口味的餐厅，可以轻易吸引到相应的顾客。但如果餐厅时常变换其固有的特色，必将导致顾客不停地变化并最终都将带着困惑与不满离去。"巴菲特非常清楚自己想要什么样的公司，想要什么样的股东，所以他几十年如一日，专注于企业长期经营成果的价值投资，从不因外界评价或市场波动而改弦更张，保持了常人难以企及的思想定力。

**第三，一视同仁的平等。**在这本书里，有一个细节让人动容：在某一年的股东大会上，一位女士站起来怯生生地问巴菲特，我只持有伯克希尔的 B 股，请问我可以提问吗？巴菲特报以一笑，欣然应允。事实上，无论是 A 股还是 B 股投资者，无论是持有 1 股还是 1000 股，在巴菲特眼里，都是伯克希尔的股东，都应当被平等对待。股东利益至上，这也是巴菲特一贯奉行的价值观。巴菲特通常会换位思考，设想如果自己处在股东的位置，会希望得到什么样的信息。这种"将心比心、推己及人"的同理心，同样难能可贵。

坦诚对话、专注做事、平等待人，让巴菲特和他的伯克希尔获得了股东们的长期信赖和支持。股东们也用实际行动给予了巴菲特充分的回应：很多股东将自己的大部分身家放在了伯克希尔的股票上；在美国市场的大型上市公司中，伯克希尔的长期股东所占比例名列第一。伯克希尔吸引了越来越多三观一致的长期股东，而长期股东又反过来影响着伯克希尔的企业文化，两者相得益彰，形成了共荣共生的良性循环。

1965～2019 年，伯克希尔的市值以 20.3% 的年化复合回报率高速增长着，累计回报率高达 2.74 万倍。而伯克希尔股东大会的参会人数，从 20 世纪 70 年代的 6 名股东，到 1989 年首次超过 1000 人，再到 2001 年首次突破 10 000 人，直至 2013 年达到破纪录的 45 000 人，迄今为止一直维持在 40 000 人以上。伯克希尔的市值与伯克希尔股东大会的参会人数几乎保持着同步的增长轨迹。这似乎表明，伯克希尔的巨幅成长，不只是财富意义上的，更是声望和影响力上的。

桃李不言，下自成蹊。奇迹和神话般的伯克希尔的背后，是巴菲特和芒格长达半个多世纪的心血倾注。相信读了本书的你，也能从中领会到聪明投资和智慧人生的真谛。

王冠亚

武汉樱顶天熠投资管理有限公司总经理

2020 年 12 月

# 初见巴芒二十周年记

桃红柳绿的春风从江南吹到了京城，姹紫嫣红也随之由南向北扑面而来，春天一过就到了万众瞩目的巴菲特年会季节。"天南部落"<sup>⊖</sup>的王冠亚同学新近完成了《巴菲特的嘉年华》一书的翻译工作，该书收录了各行各业人们参加一年一度盛会的见闻故事、感慨心得。看着这些人物故事，忽然意识到距离自己第一次前往奥马哈已经是整整二十年了。

巴菲特早期经营合伙企业的十三年间，似乎没有开会的记录，基本上以致合伙人信的形式保持沟通。自从1965年取得伯克希尔－哈撒韦公司的实际控制权之后，巴菲特或许觉得每年仅写信还不过瘾，加之上市公司也有开股东会的要求，于是年复一年，年会规模日益壮大，渐渐成为具有全球影响力的大

---

⊖　"天南部落"是每年开设的巴菲特投资人生班的非正式内部称呼。

会，至今已有五十五年的历史。

关于与会人数的最早记录大约是 1972 年，来了兄弟俩，哥哥曾经是巴菲特的同学，他们三人以问答形式聊了几个小时，这种轻松愉快、老友问答的形式一直保留至今。进入 80 年代，在巴芒的极力鼓励下，参会人数从 1980 年的 100 人左右，10 年之后增长至突破 1000 人，又过 10 年达到 1 万人。巴菲特几乎凭借一己之力，彻底将奥马哈这个默默无闻的小镇变成了一个全球投资者向往的圣地。

奥马哈位于美国中西部内布拉斯加州，虽然是该州最大的城市，但实际上是个仅有 40 多万人口的小城镇，如果没有巴菲特，世界上恐怕没有几人知道它的存在。如今当地最盛大的日子，不是元旦新年，也不是圣诞节，而是伯克希尔股东大会。最近一次，除了 2020 年由于新冠疫情影响首次在线上举行股东大会之外，每年的股东大会都可谓盛况空前，2019 年大会现场来了 5 万人。年会期间，当地所有酒店爆满，所有餐馆爆满。想当年我一下飞机，租车公司的服务人员就面带微笑地问："你是来参加巴菲特年会的吧？"

我有幸参加过两次巴菲特年会，第一次是在 2001 年，当年与会者大约 1.2 万人。这么多人都想与巴菲特近距离接触是不可能的，于是我在"传说"中巴芒以往可能会出现的波仙珠宝店前整整等候了四五个小时，期待奇迹的出现。也许是从来没有遇见从中国内地来的参会者，以至于巴菲特都惊奇地说：

"或许你是我第一个来自北京的股东。"

四个壮硕的保镖护卫着巴菲特，仅限 200 人签名合影，多一个都不放。巴芒二人相隔数米，各置一桌，接见粉丝。相对于巴菲特这边长长的队伍，芒格那桌排队人数寥寥可数，那一年巴菲特 71 岁，芒格 77 岁。如今芒格在很多人心目中也早已成为守住本分、耐得寂寞、收获繁华、幸福满满的表率。

有趣的插曲也是有的。有本书叫《投资圣经：沃伦·巴菲特的真实故事》，这也是一本奇书，作者是巴菲特的铁杆粉丝兼多年股东基尔帕特里克，他将多年搜集的围绕巴菲特的趣闻轶事融汇成书。由于书中的主人公依然老当益壮，每年都有新故事，于是每过几年就会有一个越来越厚的更新版本，我就见过从 300 页到 1000 页不等的多个版本。那一年开会时，大会间隙我与基尔帕特里克先生恰好相遇——相遇的地点在洗手间，不知道多年以后这会不会出现在他的书里。

股东会上来自天南海北簇拥在一起的人们，热衷交流的话题之一是："你什么时候买的伯克希尔？"这实际上是一个意味深长的问句，因为可以从中推导出一个人的财富级别。所以，若某人说"我是二十多年前买的"，往往会引来众人的惊呼和羡慕的眼神。时间就是金钱，在这里得到了现实的体现。

为什么这么多年来巴菲特依然令人神往？对此，我总结了三点九个字：赚得多、活得久、众人爱。

与很多人年轻时为了生存需要赚钱一样，巴菲特不到十岁时就在心中呐喊："我一定要非常富有！"待财富积累到一定程度，在一次股东会上被问到"成为最富的人之后，您还有什么愿望"时，他说："成为一个长寿的人。"再然后，他在一次大学演讲时说："到了我这个年纪，你们会明白，得到众人的爱，是一件多么美好的事。"

巴菲特身上尤其值得今天我们借鉴的，应该是他的爱国情怀，他曾说"从未做空"自己的国家，这一点对我们也应该具有很大的启发。

拿着这本《巴菲特的嘉年华》，回想以往不由感叹，窗外日光弹指过，席间花影座前移，二十年很快就过去了。很多写巴菲特的书多是谈股票投资，《巴菲特的嘉年华》的与众不同之处在于，它并不侧重谈投资赚钱，而是展示了巴芒如何赢得众人爱。领悟了这一点，一定会让人拥有更好的未来。

杨天南

2021 年 03 月 31 日

☆　☆　☆

**杨天南**　北京金石致远投资管理有限公司 CEO、基金管理人、财经专栏作家，翻译了《巴菲特之道》《巴菲特致股东的信》《巴菲特的第一桶金》《巴菲特的投资组合》等多部巴菲特相关译作，著有《一个投资家的 20 年》。

# 价值投资人的"麦加圣地"之旅

奥马哈位于美国中西部内布拉斯加州，人口不过 40 多万，但因为巴菲特，这个普通的小城为全球所知，这里是价值投资人的"麦加圣地"。每年 5 月初，巴菲特和芒格旗下的伯克希尔公司会在这里举办股东大会，无数人因此不远万里踏上这片土地。自 1965 年伯克希尔召开第一次股东大会，到 2021 年已经接近 60 年，举办了 50 多次成功的股东大会。

巴菲特先生有着 60 多年优秀的投资记录，伴随着价值投资在中国的传播和普及，国内很多投资人将巴菲特和芒格奉为价值投资的导师。在中国，伯克希尔股东大会也被称为"巴菲特股东大会"。

我本人在 2018 年参加了那年的巴菲特股东大会，并有幸对芒格先生进行了长达 2 个小时的专访。

## "朝圣"之旅不限于投资

受新冠疫情的影响，2020 年和 2021 年的巴菲特股东大会取消了线下的现场会，全部改为线上全球直播。但这并不影响投资人的参与热情，这源于多年来投资人对巴菲特和芒格的关注与追随，说巴菲特股东大会是一场"价值投资的朝圣之旅"并不为过。在每年的参会人中，不只有伯克希尔股东，还有很多全球的职业投资人和企业高管。

在线下活动不受限的时候，国内每年都会有一些学术机构甚至旅游机构，专门组织巴菲特股东大会之旅。

2018 年，我与国内知名投资人林园等一众人同行，参加了当年的巴菲特股东大会。我们的行程是从北京飞往达拉斯，然后再转机到奥马哈。在我们当天乘坐的飞机上，我们遇到了媒体同行，更遇到不少投资人，飞机上几乎有三分之一的人是去参加巴菲特股东大会的。当年的巴菲特股东大会吸引了全球超过 5 万名参会者，其中来自中国的投资人接近 1.25 万。

"来现场和在书本上感受价值投资是不一样的。在这里我能感受到价值投资很纯粹。"一位和我们同行的中国投资人这样说。

此外，在股东大会现场我们还看到一些中国父母带着孩子来参加股东大会。"巴菲特和芒格带给我们的影响不只是投资，还有学习、生活哲学，我希望孩子从小能够耳濡目染去感受。"

还记得 2019 年的股东大会上，一位来自中国的 11 岁小男孩向巴菲特和芒格提问：对人性不同的理解如何帮助你们做更好的投资？两位老人的回答非常深刻，巴菲特说，通过学习和阅历去积累经验。芒格说，找到行之有效的方法去践行。

## 理解巴芒的投资精髓

每年的巴菲特股东大会形式并无太多出奇，巴菲特和芒格两位 90 岁以上的老人来和大家探讨投资、分享人生哲学，娓娓道来。

很多人都说价值投资者长寿，2021 年巴菲特 91 岁，芒格 97 岁。在伯克希尔的 14 名董事会成员中还有 2 名成员年龄也超过了 90 岁。2018 年我在采访芒格先生的时候，曾经问过这个问题，他的回答是：在美国，谁长寿？是教授、法官、价值投资者。谁短寿呢？是记者、律师、交易员。因为法官只是坐在那里，遵循法庭的规则，而不是其他人的什么规则，自己支配时间。那么回到投资，价值投资者让市场来为自己服务。那种短视的、赌博一样的交易员则"走得最早"。

我们学习巴菲特和芒格，就要理解巴芒的投资本质。这个本质就是"买股票就是买股权，让市场来为我们服务"。如果用通俗的话讲，价值投资就是选择好公司长期持有，不理会短期市场的波动，下跌就是市场给我们服务的好时候。

我们大多数普通人都不具备任正非或者马化腾那种企业家的精神和能力。通过资本市场做好公司的股东，是让最优秀的人帮你去实现财富的增长，是财富增值的最好捷径。

但懂得道理未必能够做到知行合一。

喜马拉雅资本创始人李录先生2019年在北京大学做关于价值投资的演讲时，提到"市场参与者可能只有不到5%是真正的价值投资者"。可见，价值投资的大道笔直宽阔且车马稀少，但践行起来是有难度的，做到理性、克服人性弱点是最难的。

理解本质且能够知行合一地去践行，对于投资人来说才可以像巴菲特、芒格一样，90多岁还可以每天跳着踢踏舞去上班。我想这是人们去巴菲特股东大会"朝圣"希望悟得的真理。

谢长艳

2021 年 4 月 15 日

☆　☆　☆

**谢长艳**　《红周刊》现任执行主编，资深证券媒体人。2018年曾深度对话查理·芒格先生。《红周刊》是国内最早报道和传播价值投资的证券投资类刊物。

# 切肤入局，知行合一

## 亲历奥马哈的价值启发

入行十多年，经历几轮产业周期、兴衰变革，每当遇到困难、内心焦虑时，我总会把巴菲特给股东的信拿出来阅读。它们饱含巴菲特的商业智慧，语言通俗、极富韵律，不仅帮我化解情绪焦虑，更解开了现实世界的诸多困惑。

这几年随着价值投资越来越热，一不小心，价值投资变成了"主题投资"。谈价值的多，但实践价值投资的少。而聊巴菲特的人更多，但真正信巴菲特的人很少。一个简单标准：如果真信巴菲特，普通人也可以投资一些伯克希尔的平价 B 股，可大多数人为什么不愿意呢？

2019 年 5 月，我终于决定亲赴奥马哈拜访巴菲特。以伯克希尔持有人的名义，我决定把价值理念执行到底。

　　午夜，我和友人抵达了奥马哈埃普利机场。据说，前来参会的有5万人，中国人就有1万多，占比超过了25%！我们做了一个有趣的统计，1985年，参会的股东只有250人，现在突破5万，参会人数年化增长率在17%左右，非常接近巴菲特长期的投资回报率。这就说明，巴菲特的影响力和投资能力的相关性很强，这两个要素，很可能存在增强回路，在互相强化。

　　参访了巴菲特位于法南大街的宅邸、聆听了股东大会二人组（巴菲特、芒格）对中国的看好，甚至还品尝了巴菲特最爱的戈瑞牛排（味道还真不错）。奥马哈的体验，一切充实而又满足。但我一直苦苦思考的是：巴菲特到底还有没有一些他多年从未披露，但是却真实存在的投资标准呢？

　　那天，一个偶然的机缘，电光火石之间，启发和顿悟的时刻终于降临。事情还要从那天去波仙珠宝店说起。

　　波仙，是一个在奥马哈起家的珠宝店，巴菲特和这家店的缘分，是靠"相亲"介绍的。巴菲特极为钦佩的布鲁姆金（即B夫人）曾一手打造了北美最大的单体家具城——内布拉斯加家具城。在20世纪80年代完成收购后，有一天巴菲特和B夫人聊天：你们家族的经营管理实在是太有一套了！你有没有什么亲戚之类的，如果也像你这么能干，能不能给我介绍介绍？B夫人眼睛一亮：还真的有啊，我有个亲戚在做珠宝生意，要不我来"拉个群"？你俩聊聊？

巴菲特很可能过去就听说过这家珠宝店，奥马哈的生意，他怎么会不知道。只是他没想到，老板竟然是 B 夫人的亲戚，那会不会也具备相似的优秀经理人的家族基因呢？聊完之后，巴菲特确认了自己的判断，马上把波仙珠宝收入麾下。尔后多年，他一直对这家珠宝店青睐有加，甚至老朋友比尔·盖茨婚礼时给太太的婚戒，就是巴菲特"怂恿"盖茨在波仙珠宝选购的。

说到珠宝，大家可能会想到蒂芙尼等品牌，我们也纳闷，巴菲特对波仙如此青睐，乒乓球赛、桥牌赛、网友粉丝见面会的合影，都放在波仙来举办，可是为什么却从未听说过这个珠宝品牌呢？

来到实体店之后才知道，原来它是和家具城一样，是一个巨大无比的渠道零售商。它销售市场上你所知道的大多数知名珠宝品牌、钻石名表，你不需要再去一家家转来转去，就在波仙，一站式解决。波仙的模式和内布拉斯加家具城很像，都是依靠规模效应，获得低成本结构，打造竞争优势。

很多时候，生活中的决定性瞬间，就在那电光火石的一刹那。逛完离店一抬头的瞬间，我看到了接下来的这一幕（见图 0-1）：

图 0-1  在图中，你看到了什么？你注意到关键细节了吗？观察一下再往下看

你有没有注意到标志下面的那一行小字：The engagement destination for over 100 years（订婚目的地，超过 100 年）。这让我大为困惑，B 夫人家族来到奥马哈是在 20 世纪 30 年代，

那为什么波仙的历史却超过了 100 年呢？

这极大地引发了我的好奇心。顺藤摸瓜，搜集询问，我终于了解到，这家店创建于 19 世纪 80 年代，之后 B 夫人和她的俄罗斯移民亲戚来到奥马哈，从事不同的零售业，她的亲戚在 20 世纪 30 年代买下了波仙珠宝，开始了二次创业！

原来是这样，怪不得历史如此悠久。不过，它马上激发了我更多的思考：似乎巴菲特投资偏爱"活化石"？那么，按照芒格说的反过来想，我们能不能举出来一个反例？巴菲特有没有投过非常年轻的有代表性的公司？

内布拉斯加家具城，1937 年创立，巴菲特 1983 年投资，历经将近 50 年；

喜诗糖果，1921 年创立，巴菲特 1972 年投资，历经超过 50 年；

可口可乐，1886 年创立，巴菲特 20 世纪 80 年代末投资，历经超过百年；

美国运通，1850 年创立，巴菲特 1964 年投资，历经超过百年；

华盛顿邮报，1877 年创立，巴菲特 1973 年投资，历经 96 年。

GEICO，1936 年创立，算是一家"年轻"的公司，巴菲特 1976 年投资，历经 40 年。

于是，我继续思考，这些企业都有着悠久的历史，按道理巴菲特应该早已熟知，尤其是家具城，就开在他的家乡，按道理他早就知道，为什么要等这么久才去投资呢？

我相当困惑，而且历史数据告诉过我们一个重要结论：大多数小企业必然长不大，大多数大企业必然会衰落。这些历史悠久的企业，如果按照统计上的规律，必然会衰落啊，巴菲特等了这么久，正好等到要衰落的时刻，他买入了？思考到这里，陷入了暂时的困惑。

电光火石间，灵感和思路突然涌现：历史≠规模！

大多数事物，会有增长的极限，因为复利的增强回路，往往会遇到一个阻碍增长的调节回路。这就是多数大公司必然衰落的原因。正如树不可能长到天上去，正如大象的体积再大，但长到一定尺寸，也会停止，也正如古代的罗马，帝国扩张总会遇到边界，因为有资源的总量限制，这就是调节回路在起作用。

它们都不可能永远增长，因为规模存在增长的极限，这是物理法则。巴菲特也常说，你给我 100 万美元，我能轻松实现 50% 的年收益率。可是这个收益率，对于资产规模达到几千亿美元的伯克希尔，是完全做不到的。以上案例都是因为，规模就是会触发增长的极限，这是无法突破的物理法则。

我突然发现，增长的极限，与历史悠久，不矛盾。在巴菲特出手投资的时候，这些公司虽然年事已高，但论规模，其实恰恰都是"小公司"。你会发现，当今仍存于世的那些动植物活化石，历经上亿年至今仍然存在的生物，大多是小生物，而大型动物，都很难跨越历史的宿命和增长的极限。

如果说小公司可以打破这个历史悖论，那么问题在于，为什么一定要观察那么长的时间呢？

在一次采访中，巴菲特和芒格谈到过一个有趣的事情，记者问他们：假如在 1886 年你们会投资可乐吗？芒格说：我可不知道人们当时会对这种看起来像药的、怪怪的东西，做何反应。巴菲特马上补充：当时我们肯定不会投。

由此，我们就接近于推断出，那个很可能真实存在但巴芒二人组却没有明说的标准：要历经时间和历史的考验，他们从来不投没有见过的东西。

见过的意思是说，经过时间的观察、考验，历经各种状况和环境的变化，看到它是如何应对、如何演化的。如果在经历了种种考验和测试之后，它能够达标，那么在不确定的未来，它就依然大概率能生存下来。（并不是说越老就一定越好，而是说越老它的数据量、信息量越大，通过严苛情况考验的可能性越大。）

这给了我一个巨大的启发：投资的本质是判断未来。而未来的演化是不确定的，也无法准确预测。假如你不具备洞若观火的判断力和天赋异禀的洞察力，那么你能用的唯一办法，就是去收集和评估"历史记录"。你会发现，巴芒二人组早已承认自己也是"普通人"，他们放弃了那些"太难"的投资机会，他们确保一家公司或一名经理人拥有优秀的历史记录，去面对未来的冲击。

2019年的股东大会上，巴菲特被一名中国参会者问及5G，他直言看不懂，惹得全场哄笑。然后，巴菲特郑重说了这么一段话：过去的54年来，世界发生了巨大的变化，我们的生意遭受了巨大的冲击，我们的纺织厂、制鞋厂、百货公司、代金券印花票公司甚至报业公司，全都遭受世界变化的沉重打击。我们无力预测未来，我们所有的事业，就是在这些冲击之下建立起来的。

如果这么看，巴菲特长期的"观察"似乎就是进行着某种抗冲击测试的耐心观察。

这几年，大家注意到伯克希尔也投资了苹果、亚马逊这样的科技公司。但是你会发现，伯克希尔并没有很早就去投资苹果和亚马逊，而是等待，甚至"观察"了数十年，等它们完全通过了历史的测验。它们都是 2000 年互联网泡沫破灭后硕果仅存的幸存者，它们完全通过了压力测试。

解开了心头大惑，我觉得倍受启发。但临别之前，我心头依然有些小小的困惑没有答案：喜诗糖果，如此优秀，可是大多数人压根儿没听过，为什么呢？远远比它年轻的星巴克，早已开遍大街小巷，喜诗糖果为什么没做到呢？内布拉斯加家具城是北美最大的单体家具城，可是为什么这么多年，第二家分店迟迟开不出来呢？

它们和亚马逊的竞争策略正好相反，亚马逊是拿出真金白金，疯狂投资，打造竞争优势，而喜诗糖果和内布拉斯加家具城都把现金汇到了奥马哈总部。如果没有被收购，它们的今天会更好吗？

假如当年的亚马逊和星巴克，"小小年纪"就被伯克希尔收购，现金全部汇往奥马哈，那它们的今天又会是什么处境？

我不知道这些问题有没有答案。就像游戏里每一把重来都会有完全不同的结果，但是每个人的人生只能经历一次。作为价值投资的传播者和实践者，树泽想到了纳西姆·塔勒布的那句：skin in the game（自身利益在其中）！你只有切肤入局，亲自下场，才能在实践中把这些启发和智慧全部打通。价值投资，价值是知，投资是行。以自己实践的亲身体会，与诸君分享，也许这也是树泽能为你创造的一部分价值。

许树泽

☆　☆　☆

**许树泽**　投资人、公众号"树我直言"主理人、中国之声特约评论员，曾担纲第一财经专业证券主持人十年。著作《不可不知的经济真相》获多个奖项，出品的《投资大师私房课》广获好评。2019 年亲赴奥马哈，与巴菲特面对面。

# 前　言

　　参与创作本书的编者和作者们，参加伯克希尔－哈撒韦公司年会的次数总和高达 750 人次。在这本书里，他们分享了自己参加伯克希尔股东大会的宝贵经历。他们的文章充分揭示出，伯克希尔远不只是一个由各种生意和匿名股东组成的企业集团，它是"公司"（company）一词来源的缩影。"company"源自古代法语"compagnie"（意为"社会"或"友谊"），还有后来的拉丁语"companio"（意为"在一起聚餐"）。

　　伯克希尔股东是一个由共同的价值观——好学、正直、创新和团结维系的社会群体。每逢春天，没有什么地方比奥马哈更能体现出这些特质了。在这里，成群结队的伯克希尔股东一起相聚数日，围绕公司年度股东大会举办多场活动。我们的大多数作者说，就像伯克希尔的许多其他股东一样，巴菲特改变了他们的生活，他不只让他们变得富有，还通过建立一种制度，让伯克希尔的文化和价值观成为他们生活的中心，也成为他们自身的一部分。

在本书中，你将读到关于伯克希尔和巴菲特的原创文章，这些文章出自一群最杰出的作者。在第 1 章中，贾森·茨威格、史蒂夫·乔丹、罗伯特·哈格斯特朗和兰迪·切普克等敏锐的观察人士提炼出伯克希尔股东的共同特点，以及年会的统一主题。这些建立在共同的团体意识基础上的纽带是如此珍贵，以至于在每次年会周末的活动结束后，没有人愿意离开。这一章深入探讨了股东大会年复一年吸引数万名股东参加的根本原因，并表达了对认识伯克希尔及其企业文化的强烈渴望。

自 20 世纪 80 年代以来，伯克希尔就吸引了托马斯·盖纳、马克·休斯、托马斯·拉索和英格丽德·亨德肖特等杰出的投资者。他们生动地阐释了，伯克希尔股东大会不仅是一场通常意义上的集会，还是学习投资的圣地。在这里，他们学到了无价的策略，并将其运用到他们自己的企业经营之中。从资本配置到投资决策，股东大会让这些投资者以及其他的投资者有机会直接向伯克希尔众多运营业务的管理者学习。

有关伯克希尔和巴菲特以及伯克希尔副董事长查理·芒格的大量文献证明，阅读是伯克希尔忠实信徒的一种狂热爱好。

对于"书虫"书店的菲尔·布莱克和贝丝·布莱克以及哈德逊书店的吉姆·罗斯这些奥马哈书商来说,年会意味着一笔大生意。他们向巴菲特和芒格咨询,确保推荐书目的库存充足,并在奥马哈各地举办人气爆棚的签售会。年会启发了卡伦·林德、杰夫·马修斯和劳拉·里滕豪斯等作者进一步阐释阅读、书籍和读者在伯克希尔生态系统中的核心地位。

从历史上看,年会的主要焦点集中在伯克希尔股东、记者、分析师与巴菲特和芒格之间的问答环节,他们就像大学研讨会上的学生一样讨论观点。仿效伯克希尔年会的这一传统,现在每逢年会周末,各种专家小组的卫星论坛遍布奥马哈,让人引以为豪,甚感欣慰。在那里,你可以听到本书的作者们以及很多其他业内人士的观点。

我们的作者各具特色,诸如内布拉斯加大学的罗伯特·迈尔斯和克瑞顿大学的约翰·温根德。他们讲述了这样的故事:每到股东大会召开前那几天,奥马哈就会吸引大批好奇而聪明的股东前往。在过去的 20 年里,越来越多的股东聚集在一起。顶级的价值投资者,如帕特里克·布伦南和维塔利·凯茨尼尔森,分享了他们的演讲和小组讨论经验。他们都对学生和专业人士之间的讨论质量之高感到惊讶。

巴菲特和芒格都热爱教学——巴菲特年轻时曾在一所大学教书,后来又担任了客座教授。每年他都会在位于奥马哈的办公室讲授多达60堂大师课，在那里，他会见了数千名学生。在伯克希尔股东大会上获得的知识，帮助全美的大学教授塑造了关于投资的研究方式、教学大纲和教学模式。本书的许多作者都对巴菲特独特的教学风格进行了评论，这种教学风格倾向于指导人们如何思考，而不是思考什么。

乔治敦大学的普雷姆·贾因发现巴菲特的教学方法（更多的是方法而不是答案，更多的是指导而不是命令）是伯克希尔股东蜂拥至奥马哈的核心原因。自1987年以来，贾因每年都参加股东大会，他发现了伯克希尔制度上成功的核心：投资于人，而不仅仅是量化指标。海斯堡州立大学的托马斯·约翰森教授和马里兰大学的大卫·卡斯教授也参加了数十年的股东大会，他们在书中描述了这种经历如何改变了他们的教学。

无论是在公司内部，还是在股东大会期间，伯克希尔散发出来的企业家精神都极具感染力。譬如，股东大会的组织者经常发明吸引股东的新方法——从在波仙珠宝店召开招待会到举行5公里健步跑，股东们也充分发挥着自己的积极性。这里记录的一个精彩绝伦的创新案例发生在2000年，当时乔尔·格林布拉特和约翰·佩特里在伯克希尔股东大会上介绍了价值投资者俱乐部，并向现场观众赠送了5000本《巴菲特致股东的信》。

在本书中，你还会读到：基思·阿什沃思-洛德在英国建立的巴菲特投资哲学基金；田测产创建的价值大师网（GuruFocus）在年会周末期间举办的年度招待会；在麦克雷·赛克斯的协助下，哥伦比亚商学院和加贝里协会每年都会举办一次专家云集的周五晚宴；以及惠特尼·蒂尔森专门为新来参会的股东举办的周末招待会。

伯克希尔股东大会同时也吸引了数百名伯克希尔旗下企业的职业经理人，包括很多参控股子公司的CEO。除了视察世纪链接中心的销售活动外，他们还将股东大会视作一个相互交流的机会。特雷西·希里特·科尔创办了CEO圆桌会议，大家在此分享最好的商业实践。本书的编著者们——布鲁斯·惠特曼（来自飞安国际）、托马斯·曼尼蒂（来自迈铁）和奥尔萨·奈斯利（来自GEICO保险）都认为，股东大会是一种了解股东、问候客户和奖励员工的有价值的形式。巴菲特的朋友菲尔·特里在本书中证实，CEO们非常欣赏伯克希尔独特的企业文化，尤其是在将公司出售给伯克希尔之后，已故的东方贸易CEO萨姆·泰勒就是其中之一。

伯克希尔的文化持续激发着富有智慧的讨论。在本书里，这一点得到了律师罗伯特·德纳姆和西蒙·洛恩的证明。这两位律师都是伯克希尔生态系统的资深人士，曾与巴菲特一起帮助伯克希尔投资的所罗门兄弟公司从20世纪90年代的债券交易丑闻中恢复过来。他们把股东大会的细节放在显微镜下，剖析它的特质和目的，并探索为什么在其他地方没有人复制它。思想领袖雷蒙德·巴克·哈策尔和沙恩·帕里什把股东大会视作一种学习上的追求、一项神圣的仪式和一段个人反思的时光。

股东弗朗索瓦·罗尚和安德鲁·斯泰金斯基总结得很好，他们声称，股东大会是一段志趣相投的朝圣之旅，是一项令人满意的年度传统。约翰·博格只参加过一次股东大会，但他保证，即使是一次也能改变一个人的世界。在世纪链接中心的舞台上，博格迎来了他88岁的生日。巴菲特亲切地祝他"生日快乐"，随后股东们报以热烈的掌声，这是让他终生难忘的一个周末。

在我们的最后一章中，你将看到来自伯克希尔传奇股东查尔斯·阿克勒、蒂姆·梅德利和丹尼尔·皮考特的发言。他们从20世纪80年代中期开始参加伯克希尔股东大会，当时巴菲特首次公开邀请股东参会。他们以不到3000美元的价格购买了伯克希尔的股票，如今这些股票的价值是从前的100倍。根据数十年学到的经验，他们抓住了伯克希尔年会的核心要义：如果你从未去过，那就去吧；如果你经常去，那就继续。

☆　　☆　　☆

当我们编辑整理本书时，众多作者带来的丰富多样的思考，让我们想起了自带食物聚会这种最好的聚餐形式。客人们在收到请帖后，有些人立刻知道要带什么过来，有些人则和我们商量后做出决定。他们对本书的贡献是，每个人都提供了一些新的观点、片段和分析——就像在聚会上精心准备的食物一样。安排这些食物就像安排晚宴的座位。我们将大家的文章进行分组，以加强各章内容和全书内容的最佳联系。

我们按照作者的背景，将本书划分为作家、专家和经理人等篇章。我们的编著者同时分属多个类别——他们既是读者，又是伙伴和先锋，他们的文章可以被重新归类到所属系列的其他位置。总体上说，我们旨在创造一个流畅的叙事，但每一个片段也都可以独立阅读。我们按照统一的风格，编辑整理了这些文稿，保留了每位作者的观点，使其与整本书的风格保持一致，并避免重复。

我们的作者提供了一道又一道的精神佳肴，内容涉及方方面面：伯克希尔的价值观，社区精神，阅读和写作激发的灵感，赖以维系股东群体的纽带以及知识的产生和传播。从周四到周日，他们带我们一起经历了会前和会后的无数活动，包括各种峰会、研讨会、招待会、新书签售会以及集体活动。

和大多数人一样，对许多反复出现的关于伯克希尔年度股东大会的描述，我们已经耳熟能详。因此，本书忽略掉了一些陈旧的观点，提出了很多让人耳目一新的见解。虽然参加股东大会可能"就像周末拿到 MBA 学位"<sup>⊖</sup>，股东大会也常常被称为"资本主义的伍德斯托克"<sup>⊜</sup>，但我们已经从你将要读到的内容里剔除了这些字眼。同样地，尽管伯克希尔和巴菲特"改变了许多人的生活"，但这并不是重复的溢美之词，而是作者的心声。

我们构思本书，是为了突出伯克希尔股东大会的持久价值，展示其传统的优秀内核。我们的假设是，伯克希尔的内在价值在很大程度上源于其企业文化，而其企业文化在很大程度上源于股东大会和股东团体。

巴菲特在 2014 年致股东的信里写道，

> （年度股东大会）旨在强化伯克希尔的企业文化，并借此排斥和驱逐具有不同价值观倾向的管理者。这种企业文化日益发展壮大，在我和芒格离开后，伯克希尔的企业文化还会在相当长的一段时间里保持完好无损。

我们赞同巴菲特的论断。因此，我们相信，股东大会和公司都将永远持续下去。本书中的文章都可以支持这一预言。它们证明了伯克希尔股东的一些特别之处——一些普遍而永恒的东西。

伯克希尔 - 哈撒韦公司创造了一种关于智慧、求知欲、正

---

⊖ 作者此处是想描述伯克希尔年会对参会者的影响之大，相当于周末读了一个 MBA。——译者注

⊜ 即每年 8 月在纽约州东南部伍德斯托克举行的摇滚音乐节，这里是比喻伯克希尔年会是一场关于资本主义的狂欢盛宴。——译者注

直和学习的文化。无论是"公司"一词的企业含义，还是"在一起聚餐"的原始含义，这种文化都构成了"公司"的一部分。

我们乐于将伯克希尔股东大会的故事结集成书，就像我们喜欢在年度股东大会上相聚一样。希望年复一年，我们都能在那里见到你。

劳伦斯 & 斯蒂芬妮

2018 年 4 月

THE

WARREN BUFFETT

SHAREHOLDER

# 01

第1章

# 作　　家

# 你并不孤单

## 贾森·茨威格

在 4 月一个下着蒙蒙细雨的夜晚，当我乘坐的航班盘旋着降落在奥马哈时，天花板般的降雨云像一盏厚厚的青灰色银盘，压在这座城市之上。但就在市中心的正上方，奥马哈摩天大楼反射的光照到了 1 英里<sup>○</sup>的高空，在乌云底部照出了一个耀眼的银白色光圈。突然间，云顶看起来像地板——天空的地板。"我的天哪，"一名坐在飞机后舱的乘客赞叹道，"巴菲特果真有光环！"

为什么伯克希尔 – 哈撒韦（简称伯克希尔）的投资者几乎都

---

○　1 英里 =1609.344 米。

崇拜公司董事会主席沃伦·巴菲特？为什么大家都把他视作先知并把他的每句话奉为圭臬？是什么让数以万计的人从美国各州和几十个国家前来奥马哈"朝圣"？

巴菲特的商业搭档、伯克希尔副董事长查理·芒格的明智建议，助力巴菲特创造了惊人的投资纪录。这些辉煌的业绩是人们潮水般涌向奥马哈的原因之一，但绝不是唯一的原因。

几十年来，巴菲特和芒格每年都力邀股东们前来参加公司年会，畅所欲言。在一年一度的股东大会上，伯克希尔的投资者聚集在奥马哈偌大的奎斯特中心（Qwest Center）礼堂，其中数十名投资者轮流走到麦克风前提问，巴菲特和芒格会回答他们的提问，整个过程会持续近 6 个小时。

在大多数公司里，年会差不多都是妥协折中的闭门会议。那么，巴菲特为何向所有人敞开伯克希尔股东大会的大门呢？"尽管本·格雷厄姆（巴菲特的导师）已经拥有了生活所需的一切，但他仍然希望以教书的方式回馈社会。"一次会后，巴菲特告诉我，"所以，正如我们也从他人那里得到收获一样，我们不想让这些宝贵的资源停留在我们这里。我们想要把它们传承下去。"

当然，很多股东会征求巴菲特和芒格对股票与债券价格等一系列投资相关问题的看法。但也有一些人会提出更宽泛的问题：最近你读过的最好的书是哪本？你犯过的最大的错误是什么？我怎样才能保持学习的状态？数学是不是"上帝的语言"？

当来自加利福尼亚的 14 岁股东贾斯廷·方（Justin Fong）寻求对于实现人生成功的建议时，巴菲特和芒格的回答直截了当。"与表现比你更好的人打交道，然后你就会朝着正确的方向前进。"巴菲特说。"如果这让你在同龄人中暂时有点不受欢迎，"芒格淡然地补充道，"让他们见鬼去吧。"

这些交流展示出巴菲特和芒格的性格，这正是伯克希尔的股东们最喜欢的。35 岁的大卫·林（David Lin）是一名来自纳什维尔的放射科医生，在过去 8 年里，他参加过 7 次股东大会。"它帮助我重新聚焦，"林说，"我学到了巴菲特认为重要的东西，比如友谊、道德、养成良好的习惯、如何过上幸福的生活，这不仅仅是钱的问题。"

24 岁的亚历克斯·鲁巴卡瓦（Alex Rubalcava）是一名来自洛杉矶的风险投资人。他说："巴菲特和芒格常常谈到，有时候为了做成一件事，最好的办法是什么也不做。他们教会了我在投资和生活中说'不'。"

"当你聆听巴菲特和芒格的话的时候，你不敢相信你会收获这样一种美妙的体验。"56 岁的迈克·卢瓦泽尔（Mike Loisel）说道。迈克是一名来自明尼阿波利斯的电气承包商，目前已退休。他 55 岁的妻子康妮（Connie）补充道："你会感觉到，大家有着相同的价值观——可靠、诚实、勤奋，而自己也是其中的一员。"

关于为什么会有这么多人来参加他的股东大会，巴菲特想到了很多。"首先，他们来这里是为了玩得开心，"他后来告诉我，"其次，他们是来学习的。同时，他们真心觉得自己是企业的合伙人。"

为什么很少有投资公司以这种方式教育和对待他们的客户呢？巴菲特回答说："这很可笑，不是吗？"他补充道，基金经理和证券经纪人是否成功"不是以投资结果来评判的，他们是否成功的判断标准是能募集到多少资金，所以他们不希望股东认为自己是所有者，他们希望股东只把自己当成客户"。

大多数专家都在谈论，对作为投资家的巴菲特来说，价值有多重要。他们所忽略的是，对巴菲特来说，更加重要的是价值观。巴菲特理解我们所有人的核心问题：财富不只是附上价格的纸片或电子符号。它有更多的内涵：我们最温情的希望、最热切的理想、最糟糕的梦魇，无一不与财富息息相关。投资可以让人兴奋，也能令人恐惧。

还有就是，英语单词"invest"源自拉丁语，其本意是"穿衣打扮、裹在长袍里、环绕或包起来"。从字面上讲，投资意味着把自己投入一项金融资产，并与之融为一体。难怪投资能激发如此私密和基本的情感，譬如恐惧与贪婪、震惊与痛苦、希望与骄傲。

金融历史学家、投资顾问彼得·伯恩斯坦（Peter L. Bernstein）

曾经这样写道："相信我，当人们谈论他们的钱时，他们也就告诉了你他们自己最重要的事实。他们的性生活，他们的子女问题，他们的政治观点，都是次要的。"

资产管理业界想当然地认为，客户愿意把他们的钱交给未曾谋面甚至通常是匿名的一个或一群陌生人，想想看，这是多么奇怪的事情。

共同基金公司通常将它们的产品称作"基金家族"，这即使不是彻头彻尾荒唐离谱的，也是颇具讽刺意味的。试想，家族成员在有生之年从未谋面，而且永远也不会见面，这算是哪门子的家族？

基金经理和客户之间的关系，大多遵循着这样的基本模式：投入你的资金，把自己的财务未来托付给一个你从未握过手的人，一个永远也不会牵你手的人，一个你从未见过面的人。

股票市场光怪陆离，最糟糕的时候如同战场，最理想的时候则像疯人院。在这样的股票市场上，投资是一项孤独、远离人群、常常令人恐惧的任务。所谓的"基金家族"极其缺乏人情味，无法为客户提供任何慰藉。同时，典型的财务顾问往往忙得精疲力竭，无暇去安抚每一名客户的情绪。太多的投资者不得不无奈地接受一封废话连篇的电子邮件或一通匆忙的电话。甚至只有当他们的基金经理在CNBC上高谈阔论的时候，他们才得以匆匆一瞥。

没有什么比孤独更让人难受的了。巴菲特知道，没有人愿意独自去面对投资的不确定性。我们想要得到安慰，想让自己成为群体的一分子。这正是巴菲特给予他的投资者最好的礼物：不是巨额财富，也不是卓越洞见，而是一种根深蒂固的慰藉——知道自己属于这个圈子，知道自己和其他人在一起，知道自己并不孤单。

☆　☆　☆

**贾森·茨威格**（Jason Zweig）是本杰明·格雷厄姆经典著作《聪明的投资者》（*The Intelligent Investor*）当代版的编辑，并为《华尔街日报》（*Wall Street Journal*）撰写"聪明的投资者"专栏文章。

THE WARREN BUFFETT
SHAREHOLDER

# 他和我们一样

## 史蒂夫·乔丹

4月下旬的黄昏时分，阿尔卑斯号角响起，低沉的音符响彻篷卡山脉。风景如画的篷卡山脉位于奥马哈北部，以一个印第安部落的名字命名。在这片热土上，有很多神秘的洞穴，是猎狐者的天堂。

当人们熙熙攘攘地赶往半小时车程远的波仙珠宝店时，奥马哈西装协会（LSS）的 24 名会员刚开始举行他们的入会仪式，他们沉浸其中的这项传统活动，就像沃伦·巴菲特为伯克希尔－哈撒韦公司股东举行的年会一样。

该协会的会员之一克里斯托弗·斯塔夫鲁（Christopher C.

Stavrou）是一名来自纽约的投资经理。他说，参加伯克希尔 - 哈撒韦公司年会"一开始是一种学习体验，但后来它已经演变成我生活方式的一部分"。他呷了一口加糖的冰红茶，而此时，西装协会（协会名称起源于他们在第一次受邀参加聚会时，被建议穿上合适的"休闲西装"）的正式会员们正聚在一起，将拉丁语和希腊语翻译成英语，并将他们的职位写入官方花名册。

"*Nunc est Bibendum*!"他们欢呼道，大意是说"让我们一起干杯"。

西装协会的入会仪式是伯克希尔公司年会的背景之一。年会不只是巴菲特和芒格与股东、记者和分析师们 6 个小时的问答过程，更是一个完整的社群生态系统。

诚然，巴菲特的目标是通过他在现实生活中进行的理性投资实验，以股票所有权为纽带，履行他对约 100 万名合伙人的责任。这是非常富有教育意义的。来自曼哈顿的律师兼注册会计师迈克尔·阿萨埃尔（Michael Assael）表示："在这里，一个周末学到的东西比你在纽约一年学到的还要多。"伯克希尔的股票每上涨 1 万美元，他和妻子艾科就会去购买一套新的定制版车牌。

当然，伯克希尔股价的上涨远远超过一张车牌的价格。现在，他们经常去看望老朋友。在没有召开伯克希尔年会的日子里，他们互相拜访。阿萨埃尔认为，查理·芒格的著作和言论至少和柏拉图不相上下，字里行间都闪耀着启蒙之光。事实上，阿萨埃尔一家去过波仙珠宝店，在那里，股东们享受着数小时的免费食物和葡萄酒，一些人还买了股票所有权凭证样式的圣诞装饰品之类的东西。

如今，在造访奥马哈的 3.5 万人当中，绝大多数来自外地，其中来自海外的队伍在稳步增长——来自澳大利亚和南美的人数增长了不少，而来自德国和中国的人数增长得尤为明显。

在年会举办之初，并没有这样的盛况。

1973 ～ 1979 年，巴菲特召开了最早期的伯克希尔年度股东大会，地点在国民保险公司（National Indemnity）的员工餐厅。国民保险公司是奥马哈当地的一家保险公司，1967 年被巴菲特收购。当时，餐厅门口贴着一个简单的标识"会议进行中"，以提醒那些在不远处喝咖啡的人。巴菲特的十几位早期合伙人参加了会议，来看他有什么要说的。巴菲特很喜欢接受别人的提问。

遗憾的是，巴菲特最初召开年会的会议室已经不复存在了。后来那家保险公司搬到了市中心，原来的办公场所被改造成了住宅。餐厅最后一次出现在公众视野中（至少是象征性的最后露面），是在伯克希尔 2015 年的年会上。当时，在主会场外面的展览大厅，餐厅展台占据着一个不太引人注意的角落，挤在鲜果布衣（Fruit of the Loom）和喜诗糖果展区之间。

在那里，国民保险公司的工作人员摆好了从餐厅带来的桌子、椅子和镀铬餐巾纸分发器，最后一次举行仪式，纪念那些更单纯的过往岁月。曾几何时，任何人都可以靠押注巴菲特而成为一名千万富翁。

1985年，巴菲特帮助大都会广播公司（Capital Cities Communications）融资收购了美国广播公司（ABC），引起了世人对伯克希尔的关注。100多名记者打电话到他的办公室寻求采访。然而，《世界先驱报》（*World-Herald*）的记者罗伯特·多尔（Robert Dorr）写道，那年春天他们当中并没有人来参加巴菲特的年会。再有敬业精神的财经记者，也不会为了参加一家企业的股东大会，千里迢迢专程赶到奥马哈。

但是，巴菲特每年一度致股东信的及时发布，以及他鲜有的新闻故事，吸引了更多投资者和基金经理，巴菲特不得不把会议地点挪到一个更大的地方——市中心的红狮酒店（Red Lion Inn）。1985年的某一天，大约有250名股东挤进酒店的一个房间并提问。那时，查理·芒格就坐在巴菲特边上。

巴菲特当天提道：他更愿意买下整家公司，而不只是其中的一部分股票；他怀疑联邦政府赤字将会减少；他在没有与埃克森公司高管沟通的情况下，购买了该公司的股票；垃圾债券"将名副其实"；伯克希尔有一套平稳的、合适的CEO交接计划；88%的伯克希尔股东倾向于将收益再投资，而不是派息。

同样的故事，更早期的版本。

出席股东大会的人数正如伯克希尔的股价一样持续增长：1989 年 1000 人，1990 年 1400 人，1995 年 4100 人，1997 年 7700 人，2000 年 13 000 人，2001 年 17 000 人，2004 年 19 500 人，2009 年 35 000 人，2015 年达到顶峰的约 40 000 人。与之相匹配的是越来越大的场馆安排：乔斯林艺术博物馆、奥芬剧院、假日酒店会议中心、阿克萨本体育馆、市政礼堂以及 2004 年新开放的奎斯特中心（现已更名为世纪链接中心）。

随着年会改在市中心举办，巴菲特将年会时间改在了周六，以免影响工作日的停车秩序。世纪链接中心有很多停车位，所以巴菲特后来想把年会时间再调回周一，但股东们告诉他，他们喜欢周末。在周六举行年会的传统，就一直延续至今。

如今巴菲特已享誉全球，他的声望是吸引人们前来的主要原因。他被称为世界上最伟大的投资者，也可以说是世界上最伟大的伙伴。你能亲眼见到他。你能把查理・芒格的话告诉你的朋友和客户。你甚至可能根据巴菲特的讲话做出一项投资决定。如果你坚持不懈并且足够幸运，你甚至可以拍到一张巴菲特扔报纸的照片。

有时股东大会也被称为巴菲特投资部落聚会或朝圣之旅。

"你想和穆罕默德・阿里<sup>⊖</sup>握手吗？"奥马哈的一位酒吧老板

---
○ 美国拳王。——译者注

曾经问道，"你想和巴比·鲁斯⊖握手吗？在商业上，巴菲特比这两位更大牌。他是最出色的。"

在一家 Dairy Queen（DQ）店里，柜台前挤满了 60 个人，一个操着纽约口音的家伙对他的朋友说："巴菲特就在这里！你看见他了吗？他有多么**睿智**？他真是**睿智**啊！"

现在，你不必来奥马哈，你甚至不需要看雅虎直播或重播，就可以在巴菲特写给股东的信里了解他的想法。当他有特别的事情要讲的时候，他就会在杂志和报纸专栏上发表文章。他也是有线电视新闻节目的常客。

但如果你缺席股东大会，你就会错过一些精彩花絮。

这些精彩瞬间，或是比莉·琼·金⊜在奥马哈的万豪酒店吃早餐，或是黛比·雷诺斯⊜出现在沃伦·巴菲特的新闻发布会上并坐在记者中间，或是吉米·巴菲特⊜突然跳上舞台并声称自己是巴菲特的远房表亲，或是苏珊·卢琪⊜假装发起收购，或是"大河之舞"的迈克尔·弗拉特利⊜出现在派对上与穿着老式棒球服的巴菲特热聊。

---

⊖ 美国棒球明星。——译者注
⊜ 女子网球选手，曾获 10 次温网女双冠军。——译者注
⊜ 美国女演员，代表作为《雨中曲》。——译者注
㉓ 美国男演员，代表作为《我爱猫头鹰》。——译者注
⊜ 美国女演员，代表作为《无敌破坏王 2》。——译者注
⊜ "大河之舞"创始人之一。——译者注

这些都是构成伯克希尔年会强大吸引力的重要因素。但在我和他们交往数十年后，我敢说，真正吸引人们回到奥马哈的，是另外一群人。尽管奥马哈的本地居民在招待外地人方面确实很友善，但我在这里说的不仅仅是他们，而是来到这里的每一个人。他们来自奥马哈南部或悉尼、林肯或伦敦、贝尔维尤或布宜诺斯艾利斯。

他们总有一些可以切入的共同话题。他们开始交谈，并通过 Facebook 的群组功能和其他电子设备保持联络。在奥马哈的日子里，他们的关系不断发展并加深。股东们虽然来自全球各地，但总能找到共同点：有一个俱乐部，聚会时戴着黄色的帽子；周日上午，早午餐小组重温了年会期间的学习心得；来自中国的投资者们试图让在亚洲的投资变得更为稳妥；大家开展大单买卖；适龄青年在谈婚论嫁，青少年们在考虑职业生涯，因丧偶而单身者在一起寻找未来。

"最棒的事情就是能见到我们多年以来结交的这些朋友。"一位来自密歇根州格罗斯波因特市的麻醉科医生说道。

一位为澳大利亚电视台执导纪录片的澳大利亚人说："我们尝试向世人展示，这是这个世界上发生的最神奇的事情……这里的一切都关于家庭、人际关系以及乐趣。"

巴菲特希望人们来奥马哈不仅仅是为了听他和芒格的演讲，也不仅仅是为了拉动他的家乡的经济增长（尽管他也喜欢这样）。

巴菲特相信，奥马哈本身就为投资定下了良好的基调——远离喧嚣，远离疯狂的诡计和谣言，远离随波逐流与流言蜚语的压力。

奥马哈的理念很重要，值得人们去体验。譬如，不定期地与现实接触，以坚持你的观点。

"伯克希尔与奥马哈肯定是一致的，"巴菲特曾对我说，"伯克希尔与奥马哈相得益彰。我不能确切地给它下定义，但我说的是事实。"

比尔·斯卡格尔（Bill Scargle）是一名来自旧金山的股票经纪人，他是 1979 年在国民保险公司参加巴菲特年会的 25 人之一。他说，奥马哈的人们认为巴菲特的人格魅力高人一筹，却从不高人一等。

"这是一个不可思议的故事，"斯卡格尔说道，"对巴菲特来说，奥马哈是一个完美的地方。你在这里可以不用费事就能与他沟通、交流。他和我们一样。"

☆　☆　☆

**史蒂夫·乔丹**（Steve Jordon）是《奥马哈世界先驱报》（*Omaha World-Herald*）的商业记者，自 1967 年以来他一直在这家报社工作。同时，他也是《奥马哈先知》（*The Oracle and Omaha*）的作者。

# 没有人想要离开

### 罗伯特·哈格斯特朗

我第一次见到沃伦·巴菲特本人的那天，他邀请我参加伯克希尔－哈撒韦公司在奥马哈举行的股东大会。对他来说，这是一句友善、随意的寒暄，但对我来说，意义重大。

这件事发生在 1995 年 5 月 16 日于纽约举行的大都会 /ABC 公司股东大会上。当时，沃伦·巴菲特已成为我十几年职业生涯的焦点。伯克希尔－哈撒韦公司的每一份年报我都读得津津有味，我把巴菲特本人写的或是有关巴菲特和伯克希尔的每一篇文章都精心剪辑下来，还会认真研读他投资的企业年报。我收集起来的研究资料塞满了一个大箱子。

在此之前，我那本介绍巴菲特投资策略的书《巴菲特之道》（*The Warren Buffett Way*）<sup></sup>已由出版商 John Wiley & Sons 出版。在写作的过程中，我经常与巴菲特联系，他慷慨地允许我引用巴菲特致股东信里的观点，前提条件是他要亲自审阅手稿，并以一种恰当的方式推广这本书。他想避免出现任何类似"快速致富计划"的概念，而这正是许多投资书籍所承诺的。虽然在出版前，沃伦看过这本书的所有章节，但他一次也没有建议我做任何修改。直到完稿的最后一天，文责依然由我一个人独立承担。

我们通过信件有过交流，但从未谋面。所以当我得知他将莅临东海岸参加大都会的公司年会时，我也计划参加，并希望我们能见面。

年会的那个星期四早晨，我很早就到了会场，选了一个后排的座位。会议中途休息期间，我站起来环顾四周，试图找出接近巴菲特的最佳方式。就在这时，巴菲特沿着过道走过来，朝着我挥挥手说："嗨，罗伯特！"好像我们是老朋友。

直到今天，我都不知道巴菲特是怎么认出我的。这是千载难逢的激动人心的时刻。我是一名"追星族"，见到巴菲特的那一刻，就犹如一个孩子见到了他最喜欢的棒球明星。

我紧张得几乎说不出话来，而巴菲特却魅力四射。几分钟友好的寒暄之后，他握手跟我道别。继而他又折返回来，微笑

---

㊀ 此书最新版已由机械工业出版社出版。

着跟我说："欢迎明年到奥马哈来参加股东大会，我们来年再见！"然后他就离开了。

他知道我从来没有参加过股东大会吗？也许吧。这是礼貌地邀请我前去那里吗？毫无疑问。我会忽略这样的邀请吗？这绝不可能。

1996年5月3日，一个星期五的下午，我抵达奥马哈。彼时，伯克希尔的年会已经演变成一项周末的狂欢庆祝活动，几乎就像是崇拜者们的重聚会。借由年会的机会，巴菲特邀请我们所有人前去奥马哈"朝圣"，并顺道参观伯克希尔旗下的企业，比如内布拉斯加家具城和波仙珠宝店。我们都恭敬不如从命了。当然，我还开车经过了伯克希尔的"大本营"——基威特广场。那天，我是伯克希尔的忠实游客。

星期六下午，我前往罗森布拉特体育场参加伯克希尔的另一场传统活动：由本地最受欢迎的奥马哈皇家队担纲的棒球比赛，"表演者"沃伦·巴菲特会抛出第一个球。

那是一个风和日丽、阳光明媚的下午。人们开始缓缓步入会场，一群是当地的球迷，另外更大的一群，据我所知，是伯克希尔的股东。人们发出爽朗的笑声，一边拥抱一边友好地拍背相互问候，看起来就像是家人团聚。

奥马哈皇家队准备迎战路易斯维尔红鸟队。在观众热情的欢呼声中，巴菲特投出了第一个球，然后一路小跑着越过栅栏，开始在伯克希尔－哈撒韦公司的年度报告上签名，俨然是一名全明星棒球运动员。

几个回合下来，我在球场外四处闲逛，买了一盒爆米花，然后回到球场。当我把胳膊肘靠在一垒线的围栏上时，我向右边瞥了一眼，注意到了一位满头银发的高贵绅士。四目相对后，他伸出手来跟我握手。"嗨，我是比尔·鲁安（Bill Ruane）。"我简直难以形容当时的心情。

比尔·鲁安是巴菲特在哥伦比亚大学的同学。1951年，两人都参加了本杰明·格雷厄姆的"证券分析"课程，毕业后一直保持联络。比尔和里克·库尼夫（Rick Cuniff）一道，成立了一家名为"鲁安＆库尼夫"的资产管理公司。与此同时，巴菲特也适时建立了投资企业——巴菲特合伙公司。多年后的1969年，当巴菲特关闭合伙公司时，比尔·鲁安是他唯一推荐给有限合伙人的投资组合经理。著名的红杉基金就这样诞生了。如果有一张20世纪最伟大长期投资基金经理的"班级"合照，比尔一定会站在前排。

我深吸了一口气，踉踉跄跄地走了过去："你好，我是罗伯特·哈格斯特朗。"比尔笑着说："我很喜欢你写的那本书。"我也笑了笑，笨拙地说了几句"祝贺你在红杉基金取得的成就"之类的话。从那以后，我们俩再也没有谈论过那本书或红杉基金。但我们确实谈过投资，也谈了很多关于伯克希尔的事。我们还深入讨论了资产管理业务。

当人们从我们身旁经过时，几个认识比尔的人停下来打招呼。每一次，比尔都向别人介绍我。我和一些人建立了联系，与另一些人则没有，但这并不重要，所有人都很友好。这场棒球比赛使我第一次真正接触到伯克希尔的忠实信徒，这是一个始终充满热情且兼容并蓄的投资部落。

第二天是星期天，我参加了波仙珠宝的招待会。数百名股东挤进了商店，更多的人涌向了走廊和停车场。我碰到了另一位伟大的价值投资者鲍勃·科尔曼（Bob Coleman），他在我写书的时候帮了我很大的忙。他把我介绍给了汤姆·拉索（Tom Russo），汤姆·拉索曾是红杉基金的分析师，后来和吉恩·加德纳（Gene Gardner）在宾夕法尼亚州兰彻斯特开了一家自己的公司。

作为一名基金经理，我与鲍勃和汤姆一道参加年会，看着他们礼貌地向管理层询问有关费用控制、资本再投资、价值创造和未来商业策略的问题，经受了很多思想"洗礼"。那天在波仙珠宝，站在鲍勃和汤姆旁边的我，遇到了大约 24 位股东，他们大多数都是个人投资者，还有一些专业人士。大家都很友好，并渴望交流。

接下来是年会当天。有经验的人会把闹钟定在早上 5 点。

年会在假日会议中心一个有3200个座位的宴会厅举行；两个有视频源的分会场可以容纳另外的1800人。即便如此，所有人都知道，在上午8点之前，于9点30分开始的会议的5000个座位就会被一抢而空。所以，必须在天刚刚破晓时就起床，一路狂奔至年会场馆，排好几个小时的队，直到大门打开。

多年以来，我听闻过很多关于巴菲特和芒格的消息。如今我亲自去了现场。在接下来的6个小时里，巴菲特和芒格带着对投资哲学的反思，回答了所有股东的提问，中间只有一段很短的午休。会议一直持续到傍晚。会议结束后，大多数股东都留了下来，彼此聊天，兴致勃勃地讨论着一个又一个问题；没有人想要离开。

在接下来的21年里，除了偶有要事导致缺席以外，我几乎参加了伯克希尔-哈撒韦公司的每一次年会。但很早以前，我就不再为了成为第一批进门的股东而早起。我年纪大了，爬不上自动扶梯，也不能走下会场的台阶去抢第一区的座位。相反，我悠闲地开车去会议地点，在早上7点30分左右到达。我有足够的时间穿过展厅，微笑着从一排排伯克希尔全资子公司的展台前走过，仿佛它们是我多年来看着长大的孩子。

早上8点30分，我在一个人满为患的分会场里伸了伸懒腰，欣赏着巨大的电视屏幕，等待伯克希尔-哈撒韦公司的"大片"开演。我们观看有关伯克希尔众多业务的新广告，以及巴菲特和芒格与一帮著名演员一起表演的老滑稽剧——这总是让我发笑。然后灯光暗了下来，巴菲特和芒格从幕后走向台前。他们在一张长桌前坐下，面前放着两个麦克风，两边放着很多喜诗糖果、花生脆和巴菲特最喜欢的可口可乐等。40 000 名观众发出欢呼声。

近年来，伯克希尔年会的与会者包括了卡萝尔·卢米斯（Carol Loomis）、贝基·奎克（Becky Quick）和安德鲁·罗斯·索金（Andrew Ross Sorkin）等著名记者。他们轮流走到摆放在观众席不同位置的 8 个麦克风前，向巴菲特和芒格提出一些发人深省的问题。此外，对伯克希尔–哈撒韦非常了解的、经验丰富的股票分析师们也会轮流提问，这增加了对伯克希尔财务和战略层面更深层次的检视。

我希望在不远的将来，巴菲特和芒格能够扩大队伍，让更多的人参与进来。或许，巴菲特的助手、投资经理特德·韦施勒（Ted Weschler）和托德·库姆斯（Todd Combs）将得到一些发言时间，来阐述他们的想法，并借此与伯克希尔的忠实拥护者建立联系。同样，我认为伯克希尔董事会副主席格雷格·阿贝尔（Greg Abel）和阿吉特·贾因（Ajit Jain）都将是受欢迎的新成员，他们在麦克风前的发言也会深受好评。

现在年会已经开通了网络直播，经常有人问我，为什么每年还要去奥马哈。坐在家里看直播，或者在更方便的时候看重播，不是更轻松吗？也许吧，但不适合我。我不想错过巴菲特和芒格登台的精彩一瞬。对于这种感觉，我能给出的最贴切的解释就是：试问，在电视上观看一场早已结束的音乐会，和感受镁光灯打在世界著名摇滚明星身上时的现场，难道一样吗？世上总有一些事情，必须要亲临现场才能有所体悟。

事实上，我的伯克希尔－哈撒韦周末，现在已经变成了伯克希尔－哈撒韦周。我通常会在周六会议当周的周一抵达奥马哈。每年都有更多的朋友提前到来，这样我们就有机会一起共度时光。每年春天，我在奥马哈的日程表上都排满了早餐、午餐和晚餐，其间还有无数次的咖啡聊天。在股东大会召开之前，还会有一些有价值的投资会议浮出水面，我觉得所有这些会议都非常值得参加。

在星期六晚上，与一群老朋友共进一顿牛排晚餐，是结束伯克希尔－哈撒韦年度股东大会的最佳方式。席间，人们高谈阔论，交流着一天的进步，争论着什么是最重要的收获，气氛轻松活跃。夜幕降临，但我们依然不舍分别。没有人真的想离开，尽管所有人都要赶明天一大清早的航班。

在阳光明媚的星期天清晨，大家全都从酒店离开，出租车排队驶向奥马哈国际机场。在机场的安检线前，挤满了准备回家的伯克希尔股东。你经常能在人群中认出股东，他们的手上都拎着一盒喜诗糖果。因为大多数人都累了，所以大家交谈不多，只是点头微笑，握握手，拥抱一下。

我朝着飞机走去，听见身后两位伯克希尔的股东大声跟对方说："明年见！"

"是啊，"我一边缓步走过登机通道，一边喃喃自语，"是啊，明年见。"

☆　　☆　　☆

**罗伯特·哈格斯特朗**（Robert G. Hagstrom），金融特许分析师（CFA），系斯迪富金融公司（Stifel Financial Corporation）的资产管理子公司——权益指南针策略公司的全球领导者基金（Global Leaders Portfolio）的高级投资经理，同时也是《巴菲特之道》的作者。

THE WARREN BUFFETT
SHAREHOLDER

# 伯克希尔的精神内核

## 兰迪·切普克

5月的第一个周六，天还没放亮，奥马哈最大的体育场周围就已经排起了长队。人们聚集在一起，是为了观看沃伦·巴菲特的投资"马拉松"。巴菲特是美国企业界最有良知的商人，被誉为全球最聪明的投资者。

1999年，我第一次参会就非常走运：我到达会场才半小时，就邂逅了巴菲特本人。这就好比，在计划攀登一座山峰的前夜，你在露营地遇到一位著名的导师。

那天刚下飞机，我就去了阿克萨本体育馆，这是一个老旧的体育馆，第二天的股东大会将在这里举行。在其中的一个展台，当我正在和一名女店员交谈时，她微笑着说："哦，巴菲特先生来了。"

果然，巴菲特从他林肯城市轿车的方向盘后面钻了出来。他独自一人，大步流星地走了过来。他捋了捋一头乱蓬蓬的白发，和我们在场的 6 个人热情地握手、聊天、摆拍。他的平易近人着实让我大吃一惊，我当时头脑一片空白，除了感谢他干得如此精彩，不知道该做什么。

在股东大会的问答环节中，两位慈祥的老爷爷坐在那里，热切地想帮助你获得超乎想象的成功。我确信，每个人都会有所思、有所得，而且可以肯定的是，每位与会者（无论是专业的基金经理，还是靠修剪草坪赚钱的孩子）都学会了如何成为一个更好的投资者，更重要的是，成为一个更好的人。

伯克希尔股东大会虽然不像联合国的秘密会议那样受人关注，但比其他大多数公司的年会都要更加丰富多彩。从问答环节不难看出，参会股东来自全球主要的国家和地区，被点名的提问者会自豪地报出自己的国家，就像政府代表团主席在召开国际政治会议时的表现一样。尽管这是一个周六，但大约 1/5 的股东都穿着职业装。

大约 30% 的与会者是女性，而且在场的孩子也为数不少。显然，这是一群非常富有的人：因为巴菲特不愿做股票分割，所以买一股伯克希尔 A 股股票要花费数十万美元。不过由于在大型收购中使用了极少的股票分割，伯克希尔 B 股得以与其他大盘股一样交易。纵观整场会议，一些人在阅读，一些人眉头紧锁，但大多数人全程都保持全神贯注。

巴菲特和芒格提出了很多合理的商业建议。其中一些根本不是凭直觉就能得出的。例如，巴菲特表示，变革和进化不一定对投资者有利。"我们把变化更多地视为威胁，而不是机遇。我们的赚钱方式是寻求那些业务稳定、变化不大且具有'护城河'的优质公司。我们希望看到的是，从现在起的十年后，情况看起来会基本相同。"

在这里，我每年都能学到新东西。我印象最深刻的一个小插曲发生在 2006 年，当时一位股东问巴菲特，他厌恶赌博，却又选择拥有具有一定经营风险的保险公司，两者之间如何调和。巴菲特的回答堪称完美："赌博会带来不必要的风险，而如果你在沿海地区拥有房产或企业，风险本身就已经存在，问题在于，谁来承担风险。"

2006 年，我决定试着争取在聚光灯下稍做停留的难得的机会，向巴菲特和芒格提问。门开了，我径直走向紧挨着其中一个麦克风的座位。我抢到了第三把椅子，一位工作人员说，我很可能有机会提出我的问题。

在股东大会开始前，我和我前面的两个人（一对英国父子）攀谈了起来。儿子是强生公司的一名药剂师，抢到了第一把椅子。没过多久，他就站到了麦克风前，抛出了一个相对复杂的投资问题。在数万观众众目睽睽之下，他承认和大多数人一样，多少会有一些紧张情绪。"上次我这么紧张地提问，"他说，"是我给妻子献上一枚波仙珠宝的钻戒，向她求婚的时候！"

清晨的时光慢慢流逝，我越来越确信，没有人会问我要问的问题："股东大会能向投资者传递关于公司的什么信息？"的确，没有人这样做。但不管怎样，巴菲特还是回答了这个问题，同时也回答了另一个人提出的有关伯克希尔公司如何培训职业经理人的问题。他指出，撰写年度报告和召开年度股东大会是有原因的。巴菲特解释说：

> 股东大会旨在赋予伯克希尔一种精神内核。我们不认为它比其他企业的好。一家企业有一种文化，我们试图做所有与之相一致的事情，而不做任何与之相矛盾的事情。

我心里已经有了答案：为什么巴菲特股东大会如此与众不同，这是由伯克希尔的精神内核所决定的。

☆　☆　☆

**兰迪·切普克**（Randy Cepuch）是《与沃伦·巴菲特共度周末暨股东大会探秘》（*A Weekend with Warren Buffett and Other Shareholder Meeting Adventures*）的作者。

02

T H E

WARREN BUFFETT

SHAREHOLDER

第 2 章

伙　伴

# 伯克希尔：马克尔公司的标杆

托马斯·盖纳

　　我参加伯克希尔股东大会要追溯到 1984 年，当时我读到《财富》杂志上一篇关于巴菲特和伯克希尔的文章，那是我第一次听说沃伦·巴菲特。当时我 22 岁，刚刚从弗吉尼亚大学毕业。我在弗吉尼亚州达文波特公司（Davenport）做证券分析师和股票经纪人，还是个投资行业的新手。那篇文章简直让我叹为观止，字里行间都散发着理性的气息，而如何投资和分配资本（包括金钱和时间）的整体哲学，对我来说简直是天外来音。

　　我跑过去问我当时的老板，是否听说过沃伦·巴菲特。我把 Buffett 读成了 Buff-fay，因为我从来没有听人提起过他的名字，也不知道该怎么读才对。他干脆利落地回答说，是沃伦·巴菲特（正确的发音），并把我赶出了他的办公室。

我立即找来了当时最尖端的金融科技资源：标准普尔手册。这本书的内容纷繁庞杂，有对商业的简要描述，还有数年的金融统计数据和比率。作为一名会计师，我很容易就能看出伯克希尔的财务表现非常出色，而且在 1984 年之前，伯克希尔一直是绝好的投资对象。

然而，我当时是个 22 岁的傻瓜（而不是现在这个 56 岁的傻瓜），我没有买这只股票，因为它的每股售价超过了 1000 美元。我想没有一只股票可能值四位数。因此，我错过了购买这只股票的机会。如今，这只股票的股价超过 6 位数，每股逾 30 万美元。

幸运的是，这次失败给我上了一课，那就是不作为的代价要比犯错误更大。更重要的是，这让我持续追踪伯克希尔，对巴菲特有了更多的了解。

我之前认为，是我的年轻和自大造成了这次失败。我后来得知，不仅是我，还有许多比我年长许多、也更聪明的投资者，他们在看到《财富》杂志上那篇文章（1983 年 12 月安德鲁·托拜厄斯（Andrew Tobias）的撰文）之前，对巴菲特和他的投资风格也没有什么深刻的认识。那篇文章是《财富》杂志撰稿人卡萝尔·卢米斯（Carol Loomis）向《财富》执行主编提出的创意，并建议由安德鲁·托拜厄斯执笔。自 1967 年以来，卢米斯一直是巴菲特的好友。在接下来的几十年里，卢米斯写了一系列关于巴菲特的重要文章，都收录在她的巅峰之作《跳着踢踏舞去上班》（*Tap Dancing to Work*）一书当中。

1986年，达文波特公司委派我担任马克尔公司（Markel Corporation）的分析师，这是一家刚刚完成IPO的上市公司。马克尔主要经营财产保险和意外险业务，附带一些非保险业务。在保险业务经营和对公众公司的普通股投资等业务领域，这家公司是盈利的。

对伯克希尔的了解与日俱增，我逐渐意识到，它的方法也适用于马克尔，可以很好地助力马克尔达成愿景。

1990年，史蒂夫·马克尔（Steve Markel）雇我为他管理马克尔公司的股票投资。他还说服我买了一些伯克希尔的股票。我们以每股5750美元的价格为马克尔的投资组合添加了伯克希尔的股票。此时的股价比我第一次知道伯克希尔的时候稍微高一点，但对马克尔来说，这仍然是一笔不错的投资。

当我开始在马克尔工作后，我向史蒂夫建议，那些最有可能理解我们公司战略的人，正是那些已经拥有伯克希尔股票的人。我说，如果我们去奥马哈，我们更有可能见到他们，而不是说服他们来里士满见我们。

在为投资者关系制定了清晰的战略规划后，我们动身前往奥马哈。第一次参加年会是在奥芬剧院，我碰巧坐在克里斯·戴维斯（Chris Davis）和谢尔比·戴维斯（Shelby Davis）的前面。我知道戴维斯家族的声望，但从来没有见过他们。在等待年会开始时，我转过身来做了自我介绍，然后我们开始了对话。从那以后我们一直是朋友。

多年来，在伯克希尔股东大会期间，我参加了许多富有成效的聚会，与我钦佩的投资者们建立起终生的友谊。在那里，我还拓展了人脉，极大地提高了自己的专业水准。我和很多人建立了密切的联系，他们提出了很多真知灼见，帮助我们改进了马克尔的管理方式，对马克尔的成功做出了巨大贡献。

当然，我内心也经历过矛盾和冲突。在我早期参加的一次年会上，巴菲特评价道，伯克希尔经历了一个相当长的繁荣时期，但鉴于其日益庞大的资金规模，他提醒听众，不要指望过去的情况会在将来重演。我感到非常心塞，心想："我们才刚到这里呢，难道现在就结束了？"一番深思熟虑之后，我把巴菲特这番话归因于精神上的自律，并得出结论：伯克希尔之前所采用的方法预示了它有创造更多价值的能力，无惧资金规模有多大。于是，我买入了更多伯克希尔的股票。

此外，当我回到里士满时，我给巴菲特写了一封信，就资金规模对未来业绩的影响，询问他的看法。在我的信里，我引用了埃克森美孚的案例，提及它从标准石油（Standard Oil）时代继承而来的遗产。我说，埃克森美孚及其前身是一个多世纪以来规模最大、利润最高的公司之一。我问道，埃克森美孚的例子对伯克希尔是否有借鉴意义，以及伯克希尔未来是否有能力继续创造出色的财务业绩。

几周后，我收到了一封信，是从基威特广场寄来的。巴菲特在我去信的末尾手写了几行字，他是这样说的："汤姆<sup>⊖</sup>，这是个有趣的问题。请明年再来参加股东大会，向我询问此事。沃伦·巴菲特（签名）。"我把那封信复印了一份，并把原件收起来妥善保管。我还在原件巴菲特留言的下方写上了一行字："沃伦，我明年会来的。托马斯·盖纳（签名）。"我们的笔友关系也就此告一段落。

不过，在随后的年度股东大会上，我们又见过几次面。多年以来，伯克希尔股东举行了很多次聚会，其中一次，我提出了与埃克森美孚类似的问题，我们讨论了标准石油公司的历史情况，我们还讨论了埃克森美孚在管理其核心业务时所采用的资本原则、与业务相关的盈利股票回购事件以及股息分红决策。虽然我不能代表巴菲特发言，但我仍然坚信，对于伯克希尔而言，埃克森美孚是一个值得借鉴的先例。

我们第一次参会留下的另一段美好回忆是，我和史蒂夫·马克尔开启了我们"马克尔早午餐"（The Markel Brunch）的传统。在我们的第一次聚会上，我设法招待了总共 6 位客人。当时我进入投资界的时间不长，这些客人都是我很早就认识的熟人。我们只是吃了顿饭，聊了几句我们在马克尔的计划，并回答了他们关

---

⊖　Tom 为 Thomas（托马斯）的昵称。——译者注

于我们业务的所有问题。当我们结束谈话时，我说："我们明年还会再来，如果有你认识的人想加入我们，我们很乐意邀请他们。"

从那个简单的邀请开始，我们延续了这个传统，出席人数逐年增加。我们的年度早午餐聚会，与伯克希尔股东大会同步举行。截至目前，已经有超过 1000 人加入。

这个聚会对马克尔来说意义非凡。我们与来自世界各地的投资者进行了深入的交流，并建立起多年的合作伙伴关系。

我有理由相信，我们在伯克希尔年会上遇到的股东，比一年四季在其他任何地方遇到的都要多。这些股东也支持我们渡过难关，并接受了马克尔的长期愿景。

鉴于伯克希尔数十年来的出色表现，其股东往往抱有开放的心态，并希望找到其他拥有类似长期价值观和理念的公司。事实证明，伯克希尔股东大会是一个无价的场合，在这里我们可以找到支持马克尔的投资者，也可以勾勒出我们打造世界上最伟大公司之一的美好愿景。

☆　☆　☆

**托马斯·盖纳**（Thomas S. Gayner）是弗吉尼亚州里士满市马克尔公司的董事兼联席 CEO，同时也是第一电缆（Cable One）、科尔法（Colfax）和格雷厄姆控股公司（Graham Holdings）的董事，以及戴维斯基金（Davis Funds）的董事长。

THE WARREN BUFFETT
SHAREHOLDER

# 价值投资者的"最大公约数"

## 马克·休斯

1981 年 9 月，我开启了在投资界的职业生涯。在一次休假期间，一位朋友提醒我，应该研究一位鲜为人知的奥马哈投资者，这是我一生中最幸运的时刻。当时的我根本不知道哪里能找到我要的资料，但我住在华盛顿特区附近，于是我去了美国国会图书馆，请求查阅有关沃伦·巴菲特的所有报道。几个小时后，我收到了厚厚一沓资料。就这样，我开始了非正式的教育，这最终促使我多次前往内布拉斯加州奥马哈市。我非常珍视自己从巴菲特和芒格那里获得的"研究生学位"。

1992 年 4 月 27 日，星期一，我第一次参加伯克希尔年度股东大会。从那以后，我只错过了一次年会，还是因为要参加我儿子的大学毕业典礼。年会收到的所有赞誉，都是它应得的，并没有什么特别之处。但围绕着年会展开的一系列活动，才是它的特别之处。这就是我每年长途跋涉到中西部的原因。我知道现在网上有股东大会的实时直播，与会者撰写的一些关于年会的精妙的总结也可以轻易获得，但我已经爱上了奥马哈。

尽管现在年会的规模比以前大得多，但你仍有机会从中获得独特体验。二十多年来，在伯克希尔股东大会的前夜，我的投资伙伴保罗·甘巴尔（Paul Gambal）和加里·沃特金斯（Gary Watkins）与我总是会一起在特罗弗餐厅叙旧，还有一群新老朋友会轮番到场。那里的威士忌菲力牛排永远不会让人失望，对话也更加精彩。奥马哈是我给自己充电的地方，在这里，我可以远离来自首都华盛顿周边的冷嘲热讽。

有一年，在伯克希尔年会的周末，我和朋友逛进了奥马哈市的一家 Dairy Queen 店，发现该店正在进行一场新书签售会。作家和读者们在为新写就的文字庆祝，此情此景，你还能在其他任何地方的 Dairy Queen 店见到吗？出人意料的是，我们注意到沃伦·巴菲特独自一人坐在餐桌前吃冰激凌。我们鼓起勇气走过去打招呼，沃伦显得热情又好客。我们最大的遗憾是，没有人给我们拍一张合照（那个年代拍照手机还没有普及）。没有什么事情比和沃伦·巴菲特在一起吃冰激凌更好的了！

很多非正式的晚宴都在伯克希尔年会的周末举行，你永远不知道你会遇到谁。在 1994 年的一次聚会上，我遇到了一个人，他对我的人生产生了深远的影响。当时很幸运的是，我坐在一位来自里士满的年轻人旁边。我从来没有听说过他或他工作的公司，他也是一样。结果发现，我们有着相似的投资理念，持有许多相同的股票。我们谈得越多，我脑子里不断闪现的灵感就越多。从此，我有了一个新朋友——汤姆·盖纳（Tom Gayner）<sup>⊖</sup>。

汤姆告诉我关于他的雇主马克尔公司的情况。这家公司听起来就像是一个未被发现的伯克希尔。第二天早上，我和汤姆、史蒂夫·马克尔以及其他 6 名投资者聚集在一起，听他们分享观点，并进一步了解马克尔。

从那以后，在伯克希尔股东大会召开地点对面的宴会厅，马克尔早午餐招待了数千名投资者。这和伯克希尔股东大会一样有趣。汤姆和他的同事们，像巴菲特和芒格一样，从容优雅地回答了几个小时的问题。我可以很自豪地说，我的客户已经成为马克尔的股东超过 20 年，汤姆已经成为我们的好朋友。邂逅就像是一根擦出火花、点燃火焰的火柴。

许多伯克希尔的股东会利用周末时光在第 72 街区的内布拉斯加家具城购物。在我早期去奥马哈的一次旅行中，我顺道拜访了内布拉斯加家具城的创始人罗斯·布鲁姆金（Rose

---

⊖　即托马斯·盖纳。——译者注

Blumkin），见到她时我激动不已。大家都叫她 B 夫人，当时她
90 多岁了，正在举办一场关于地毯销售经济学的即兴讲座。当
她坐在她的小型摩托车上穿过人群时，我被迷住了。突然，她
发现了一个潜在的客户，之后又马上跑去完成另一笔交易。

伯克希尔股东大会是美国传统中西部价值观的一次庆祝狂
欢。从本质上讲，这是对永无止境的智慧探索迈出的又一步。
我对乐趣的看法和其他人有点不同。我喜欢坐在年会会场靠前
的位置。在 1992 年，这意味着在奥芬剧院开门之前不久就得
到场。从那时起，我不得不越来越早到，在队伍前面占个位置。
在 2017 年，这意味着在凌晨 2:15 就要去排队。

有人问我，为什么我不像许多其他人那样，付钱让学生帮
忙排队。事实上，我很享受这种经历。在排队的人群当中，有
来自中国香港和新加坡的学生，有来自艾奥瓦州的农民，还有一
些退休人员，他们谦虚地说自己几十年来一直是股东。以这种方
式认识丰富多彩的世界，多么有趣。大家的共同点来自伯克希尔
的价值体系。我唯一不喜欢的，就是门真正打开的一刹那。与大
家蜂拥抢座相比，俄克拉何马州的土地争夺战<sup>⊖</sup>可能更文明。

伯克希尔股东大会不像一场摇滚音乐会。因为坐在前排，
你听到的对话效果简直不能更好。会场音响效果良好，有几块
大屏幕播放会议视频。除了喜欢看到周围有那么多熟悉的面孔，

---

⊖ Oklahoma Land Rush，1889 年 4 月，美国联邦政府宣布俄克拉何马州向
  白人移民开放，许多白人纷纷涌入，抢先争夺大片肥沃土地。——译者注

我找不到排几个小时队的合理理由。

在过去的 26 年里，我们每年都向客户发送伯克希尔股东大会的参会总结。试着跟上这种交换意见的快节奏是很累的，到一天结束的时候，我已经筋疲力尽了。然而，我始终相信，我们的总结是我们为客户提供的特殊礼物。这些笔记并不是官方的文字记录，但我们捕捉到了谈话的精神，并插入一些看起来相关的想法。我们的客户告诉我们，伯克希尔股东大会的参会总结，是他们每年必读的内容。

几年前，我们从堪萨斯城飞往奥马哈的航班被取消了，我和我的商业搭档租了一辆车来完成这段旅程。一位来自奥马哈的女士听到我们的谈话，问她是否可以和我们一路同行。当我们送她下车时，她丈夫请我们进屋吃饭。我们注意到，在东海岸，一个女人是不会和两个陌生男人一起上车的。这位丈夫说，当他的妻子听说我们要来参加伯克希尔股东大会时，她从未想过要担心自己的安全。这就是伯克希尔年度股东大会的精神所在。

☆　☆　☆

**马克·休斯**（Mark Hughes）是马里兰州阿什顿市拉法叶投资公司（Lafayette Investments）的权益研究总监。

THE WARREN BUFFETT
SHAREHOLDER

# 管理者的教科书

托马斯·拉索

此时正值伯克希尔－哈撒韦2010年年度股东大会，早上7点刚过，我便来到奥马哈的会议中心。数百名股东彻夜未眠，只为一睹沃伦·巴菲特的风采。

我和迈铁公司的CEO托马斯·曼尼蒂闲聊着。迈铁公司是一家建筑产品提供商，自从2001年被伯克希尔收购以来，规模超过之前的十倍。周围有很多远渡重洋而来的热心股东，我们无意间瞥见一大群人围住了比尔·盖茨先生。盖茨先生径直走向曼尼蒂先生，并向他问好。盖茨先生曾明确表示，要对迈铁公司提供支持。他问曼尼蒂，在迈铁公司计划用软件进行的演示上，微软的同事是否已经提供了帮助。

听到曼尼蒂先生表示一切都好，盖茨先生握着他的手，表示会提供进一步的帮助。随后，盖茨先生转身走开，有大约500名投资者跟随其后。大家沉浸在这位世界首富（同时也是伯克希尔的董事）散发出来的巨大能量之中。盖茨基金会将来也会是伯克希尔的第一大股东。

我非常幸运，很早就目睹过伯克希尔非同寻常的投资风采。我第一次了解伯克希尔是在1982年，当时我就读于斯坦福大学商学院和法学院。巴菲特先生来到杰克·麦克唐纳（Jack McDonald）教授的价值投资研讨会做演讲。那次我还见到了巴菲特先生的合伙人查理·芒格先生，他当时是斯坦福大学法学院院长顾问委员会成员。

在那次演讲中，巴菲特的几条核心见解令我印象深刻，自那以后，我一直照此努力践行。首先，巴菲特先生指出，投资者从政府那里得到了一个很大的优惠：对未实现的收益递延征税。考虑到这一有价值的税收递延，巴菲特先生建议，投资应当寻求那些具有竞争优势、有"护城河"的企业。此外，巴菲特先生说，在选择投资时要考虑到避免代理成本（代理成本是指管理层将股东财富据为己有的倾向带来的成本）。

巴菲特先生跟我们班的同学分享了投资经验。根据这些早期观察，我形成了一种符合自己兴趣的投资方式。我主要投资于销售全球知名消费品牌的公司，这些公司的客户忠诚度和品牌商誉为我的投资带来了源源不断的馈赠和回报。

自 1982 年以来，作为一名伯克希尔的股东，我每年到奥马哈的访问似乎都有了几分宗教色彩。作为伯克希尔的长期大股东，我每年都有一次机会来检验我对伯克希尔业务竞争优势的信念，并讨论管理者如何加固"护城河"的投资策略。我不仅从巴菲特和芒格的官方讲话当中受益匪浅，还从伯克希尔旗下公司的很多 CEO 和其他高管那里收获颇多。

例如，巴菲特作为极出色的资本分配者，其洞察力是显而易见的，但他培养管理者的能力鲜为人知。在伯克希尔年会周末的一次早间采访中，我见到了克莱顿住宅公司（Clayton Homes）的 CEO 凯文·克莱顿（Kevin Clayton）先生。他告诉我们，每当他计划进行重大资本投资时，都会受邀到奥马哈与巴菲特先生进行磋商。巴菲特先生会请克莱顿先生陈述自己的观点，然后提出 3 个问题。当克莱顿先生回答到第 2 个问题时，他已经知道该怎么做了。

同样地，巴菲特先生坚信，伯克希尔的核心优势之一来自它在评估投资时"有所为、有所不为的能力"。对喜诗糖果管理层的拜访表明，除了把每年的自由现金流送回奥马哈，让总部把资金投资到其他地方，可以"完全不做任何事情"，这是多么自由啊！没有强制的决定，也不需要对资本做出承诺，因为一切本该如此。在过去的 30 年里，似乎冥冥之中一切自有天意。

事实证明，喜诗糖果为伯克希尔对新增投资的再分配，已经增加了逾 20 亿美元的现金流。

我与伯克希尔旗下的一些经理人打过多年的交道，我了解到，巴菲特先生愿意支持任何能够长期提升每股内在价值的投资，尽管这会对短期会计业绩产生不利影响。伯克希尔的高管们表示，他们安排的投资着眼于实现每股内在价值的长期大幅增长，这种投资哲学让他们"有能力承受"当前报告期利润的大幅下滑。

例如，伯克希尔 2001 年收购的地板制造商肖氏工业（Shaw Industries）之前多年一直在执行一项耗资巨大的建筑扩张项目，包括建设拥有大量库存的大型零售门店。罗伯特·肖（Robert Shaw）先生解释说，当时公司已经上市，如果他取消之前承诺的开店计划，投资者可能会反对。在伯克希尔，肖先生可以更加理性地行事，因为巴菲特先生更喜欢灵活地增加经济价值，反对将经理人束缚在奢侈的风险投资上。2001 年之后，肖先生叫停了毁灭价值的建筑商业冒险活动。

政府雇员保险公司（GEICO）是一个引人注目的例子，凸显了伯克希尔经理人耐心的价值。在伯克希尔旗下，GEICO 的市场份额从 1% 稳步攀升至近 14%。在年度股东大会上，GEICO 的高管们告诉我，这在很大程度上是因为他们愿意承担报告期利润下滑带来的短期冲击。他们愿意为吸引新客户

付出即时成本，以换取随后多年接踵而至的保费收入。（在
2013 年致股东的信里，巴菲特先生估计，自从伯克希尔收购
GEICO 以来，GEICO 的内在价值已经增长了 200 多亿美元，
这在很大程度上是由于 GEICO 管理层"有能力承受"短期痛
苦以获得长期利益。）

芒格先生在问答环节的发言，展示了他的智慧如何影响
伯克希尔及其子公司的运营，股东们甚至也能从中受益匪
浅。就拿芒格先生关于"反过来想"的建议来说吧，这是一
个倒推的过程：从你预想的终点往回推理，来绘制你的路
线，以最有效地实现你的目标。这使得伯克希尔及其子公司
避免走入成本高昂的死胡同。巴菲特先生也同样信奉这一原
则，他是这样说的："如果一件事根本不值得做，那就更不值
得做好。"

芒格先生对经济商誉的强调，也影响了伯克希尔的经理人
和股东们。我相信，正是芒格先生企业并购律师的从业背景使
他认识到，在一项收购中，最有价值的资产往往涉及知识产权、
品牌、商标和其他无形资产。

1972 年伯克希尔对喜诗糖果的收购，就是一个重视经济
商誉并取得投资回报的经典案例。喜诗糖果的投资成功，让
伯克希尔得以涉足更大规模的投资，从可口可乐到卡夫亨氏
（Kraft Heinz）。巴菲特先生经常说，"经济商誉是不断给予企

业回报的礼物",并总是试图让伯克希尔从这类"礼物"中获得"超额回报"。

长期以来,巴菲特先生一直说,尽管存在一些固有缺陷,但相比其他国家他更喜欢美国的政治和经济体系。我认为,这有助于解释为什么伯克希尔的投资重点仍主要集中在美国国内。在过去的 20 年里,我曾多次造访奥马哈,我认为尽管巴菲特先生过往的投资主要集中在美国国内,但他一直希望找到更大的机会,能将资金配置到海外。多年来,他一直邀请外国股东们参加通气会,目的是让这些投资者在回国后加强宣传——对于准备出售优质企业的所有者来说,伯克希尔是个不错的选择。

从哲学上讲,巴菲特先生经常对如何经营好自己的人生发表看法。他鼓励年轻人树立榜样来引导自己,但也提醒大家要谨慎选择正确的榜样。巴菲特先生建议避免任何类型的坏习惯——从财务角度看,尤其是过分依赖昂贵的个人信贷。

在过去的 32 年里,我每年都会带着对普适原则的赞赏离开奥马哈,而这些普适原则值得每年都重复一次。举例来说:①金融领域最重要的是复利,这是巴菲特先生告诫人们"投资的第一条规则是不要赔钱,第二条规则是永远不要忘记第一条"的基础;②人生最重要的是无条件的爱和友谊,无论接受还是给予。就像盖茨先生亲自提出帮助曼尼蒂先生和迈铁公司一样，伯克希尔的经理人、股东和董事们都秉持着同样崇高的原则，共同努力推动着伯克希尔的发展。

☆　☆　☆

**托马斯·拉索**（Thomas A. Russo）是拉索＆加德纳有限责任公司（Gardner Russo & Gardner LLC）的管理层成员，也是森佩尔·维克（Semper Vic）合伙企业的普通合伙人。

# 合作共生的企业文化

## 英格丽德·亨德肖特

伯克希尔是我的公司最大的一笔投资。1996 年，我们第一次获得伯克希尔的股票，是以飞安国际（FlightSafety International）的股票置换的。飞安国际是一家一流的专业航空培训公司和飞行模拟器提供商。当伯克希尔提出收购飞安国际时，我们得到了两个选择：要么将我们持有的飞安国际的股票换成伯克希尔的股票，要么获得相当于股票溢价 10% 以上的现金，这充分表明，巴菲特先生不愿出让伯克希尔的股票。

我们决定放弃接受更高现金报价的短期利益，而是明智地选择了伯克希尔的股票，20 年后我们仍然持有这些股票。事实证明，这是我做出的最明智的投资决策之一，不仅因为伯克希尔的股票后来在财务上取得了成功，还因为飞安国际为我提供了第一次参加伯克希尔股东大会的门票。

在飞安国际被伯克希尔收购后，我给巴菲特先生写了一封简短的信，告诉他我很高兴成为一名伯克希尔的股东。令我惊讶的是，不到一周，我就收到了巴菲特先生的回信，邀请我参加伯克希尔年度股东大会。那封早已褪色的信是我的珍藏，被我用相框装裱起来，至今仍挂在我的办公室里。那时的我根本不知道，我收到的私人邀请将带领我参加一场有 7000 人到场的年度股东大会。那一年的股东大会是在阿克萨本体育馆举行的。

第一次参加股东大会，于我而言是对伯克希尔的一次近距离的深刻了解。我立刻爱上了芒格，并被年会上的教诲、乐趣以及股东之间的友谊所吸引。在过去的 20 年里，前往奥马哈旅行变成了一项年度庆祝活动，我每年都会和家人朋友一起参加。

1998 年，伯克希尔收购了 Executive Jet（现已更名为 NetJets），利捷（NetJets）是全球领先的飞机租赁服务提供商。收购之后，一架利捷飞机在年度股东大会期间停在了阿克萨本停车场。股东们可以登上飞机，看到飞机内部抛光的木质咖啡桌，桌上摆放着一份《华盛顿邮报》、一盒喜诗糖果和一罐可口可乐，四周环绕着舒适的皮革座椅。当我们排着长队等待登机时，巴菲特先生和一位客人来了。令我惊讶的是，巴菲特先生没有插队，而是走到队伍后面耐心地等待。巴菲特先生将股东视为平等的合作伙伴，并身体力行。

2015 年，股东大会吸引了来自世界各地的 4 万人，我见证了一对年轻夫妇和一位酒店服务员之间有趣的交流。兴奋的股东们在酒店大堂里议论纷纷，年轻夫妇问服务员，奥马哈为什么如此忙碌？服务员回答说，这是沃伦·巴菲特的主场。这对困惑的年轻夫妇接着问道："沃伦·巴菲特是谁？"服务员回答说："哦，你知道的。他就像'猫王'，只是更大牌！"

伯克希尔股东大会不仅让股东们听到了伯克希尔对于最新收购的理性分析，还让他们亲眼看到了伯克希尔多年来收购的许多公司。年会期间，在毗邻会议中心的巨大展览厅里，许多伯克希尔旗下的公司都设有自己的展台。

以马靴闻名的、商标为马状的美国西部品牌贾斯廷（Justin Brands）在 2000 年被伯克希尔收购。有一年，贾斯廷的高管们骑着每头重逾 1 吨的得克萨斯长角牛，沿着会议中心前的街道，给伯克希尔股东大会开场助兴。他们一边游行，一边说看好美国！我的丈夫查克每年都会为我们的马场买马靴，因此每到这种时刻我们总是会去参观贾斯廷在大厅里的大型展览，当然，购物还能享受股东折扣。

有一次，当查克试穿马靴时，他和贾斯廷的 CEO 兰迪·沃森（Randy Watson）聊起了每 5 年在奥地利举办一次的世界哈弗林格赛马比赛。沃森先生好心地提出捐赠一双贾斯廷马靴，作为哈弗林格世界冠军的奖品。在这个欧洲比赛项目上，贾斯廷的西部马靴作为美国高质量工艺的代表登台亮相。结果，贾斯廷马靴被隆重授予给了奥地利红牛（Red Bull）能量饮料公司的创始人。（嗯，这或许是伯克希尔未来可能进行国际收购的一个乐观征兆？）

巴菲特越来越多地问计于伯克希尔各个部门的经理人，以回答有关其业务部门的问题，比如 BNSF 的马特·罗斯（Matt Rose）或是曾建立起伯克希尔能源的现任副董事长格雷格·阿贝尔。有一年，伯克希尔股东大会常设专家小组成员、《财富》杂志的卡萝尔·卢米斯，从她收集到的数百个问题中选中了我的问题来向巴菲特提问，这让我感到非常荣幸。

**问题：** 沃伦·巴菲特曾表示，对大型收购进行事后评估是个好主意。你能提供一份收购通用再保险的投后管理报告吗？

**回答**（根据我的笔记整理）：尽管巴菲特承认公司应该对收购进行事后评估，但他认为这些评估不应该公之于众。他表示，收购通用再保险是"大错特错"，并认为它与收购前相比，几乎没有什么不同。

然而，幸好有乔·布兰登（Joe Brandon）和塔德·蒙特罗斯（Tad Montross）出色而辛勤的工作，如今的通用再保险就是 1998 年他想收购的那家公司。恢复业务是一项艰巨的工作，但通用再保险现在前途光明。芒格补充说，有能力把柠檬变成柠檬汁是很重要的。这笔交易并不"令人愉快或漂亮"，一般的经理人也无法搞定通用再保险。然而，伯克希尔从这笔交易中获得了"相当好的结果"，而通用再保险则获得了"难以置信的结果"。

每年的年度股东大会都会讨论一些特定的话题。巴菲特先生宣称，最好的投资经验仍然来自本杰明·格雷厄姆的经典著作《聪明的投资者》。巴菲特先生认为，如果投资者吸取了这本书第 8 章和第 20 章的精髓，他们就不会得到糟糕的投资结果。三个最重要的原则是：①把股票看作企业所有权的一部分，并寻求拥有一批高质量的企业；②利用"市场先生"为你服务，而不是让他指导你；③购买时要考虑安全边际。在过去的 50 年里，巴菲特先生巧妙地运用了上述三个方面的经验，创造出了令人印象深刻的伯克希尔神话。只要你坚持正确的投资原则，根本就不可能得到一个坏的结果！

伯克希尔的灵魂之一是拥有深厚的文化底蕴——基于合作伙伴的理念，它包括年度股东大会和专注于长期增长的忠实股东群体。虽然巴菲特和芒格先生离开后，年度股东大会将会有所不同，但伯克希尔杰出的董事和经理人们，应该会继续就伯克希尔的业务和未来的收购，向股东提供公开讨论的机会。

未来的年度股东大会，会把长期价值导向型的投资者、专注于拓宽公司"护城河"的伯克希尔经理人和董事们紧紧聚合在一起，巩固公司的特殊文化。因此，未来几十年的几代人，将继续欣赏巴菲特和芒格先生留下来的传世杰作——伯克希尔！

☆　☆　☆

　　**英格丽德·亨德肖特**（Ingrid R. Hendershot），特许金融分析师（CFA），弗吉尼亚州布里斯托亨德肖特投资有限公司（Hendershot Investments, Inc.）创始人、总裁兼 CEO。她也是面向长期投资者的季刊《亨德肖特投资》（*Hendershot Investments*）的编者。

THE
WARREN BUFFETT
SHAREHOLDER

第 3 章

# 读　者

# 尽你所能，阅读一切

## 杰夫·马修斯

伯克希尔股东大会上的提问，没有任何预先安排的迹象。伯克希尔没有运用公关宣传这只"无形的手"来指导这一切，问题也没有特定的主题顺序。

无论是股东们自身，抑或是提出的那些问题，丝毫没有让人觉得是不真诚的或有预谋的——尽管其中一些问题似乎已经列入了议程。不过，对于即将发生的事情，沃伦·巴菲特可以说是一无所知。很多人只是无拘无束、天马行空地提问。

分歧开始出现。一方面，专业投资者倾向于在就特定金融话题照本宣科地提问之前，先介绍清楚自己的名字——你会感觉到，其中有一两个人想给巴菲特留下深刻的印象。

另一方面，那些不是专业投资者的股东往往会匆忙地介绍自己的身份，并提出一些逻辑松散但涉及面更广的问题，比如，"你对《纽约时报》那些长期忍受折磨的股东有什么建议"或"你将如何修复医疗体系"等。

甚至还有一个关于约翰·亚当斯和阿比盖尔·亚当斯的不着边际的问题<sup>⊖</sup>。他们两位是芒格最喜欢的历史人物，几乎所有人都知道这一点。（"你认识他们吗，查理？"巴菲特打趣道，笑声此起彼伏。）

最常被问到的问题来自那些年轻的观众。这个问题就是："我该怎么做才能成为一个伟大的投资者？"第一次问这个问题的，是一位来自旧金山的17岁少年，他非常认真，并说这是他连续第十次参加股东大会。

巴菲特的回答既简单又直接："尽你所能，阅读一切。"他的语气里透露出几分坚定。这是巴菲特多年来一直给出的建议。日复一日，他都会以不同的方式给出建议，因为他坚信，正是他在性格形成阶段养成的阅读习惯，塑造了他的投资框架，并为未来50年前所未有的成功奠定了基础（芒格也同意这一观点，称巴菲特为"一台学习机器"）。

---

⊖  约翰·亚当斯系美国第二任总统，阿比盖尔·亚当斯系其夫人，两人之子约翰·昆西·亚当斯系美国第六任总统。——译者注

巴菲特对这位年轻人说："尽你所能，阅读一切。10岁的时候，我读完了奥马哈公立图书馆里每一本关于金融的书，有的还读了两遍。"

巴菲特的阅读习惯并没有在他10岁时就停止。他每年仍要阅读成千上万份财务报表和公司年报，几十年如一日，贯穿他整个投资生涯。受邀与巴菲特共乘一架飞机的朋友和熟人们都说，巴菲特会简短地聊一聊，然后开始阅读。巨著《投资圣经：巴菲特的真实故事》（*Of Permanent Value: The Story of Warren Buffett*）的作者安德鲁·基尔帕特里克（Andrew Kilpatrick）向我们透露，有一次他们俩在签名售书会上，巴菲特提到，他家里还有50本书等着阅读。

尽管巴菲特提到他在第一次阅读老师本杰明·格雷厄姆的《聪明的投资者》时感受到的强烈冲击，他仍建议这位提问的旧金山少年无须给自己的阅读设定任何条条框框。"我今天所做的，就是按照我19岁时从书中学到的思维方法来看待和处理事情。"巴菲特也没有刻意让当时崭露头角的自己拘泥于任何特定的投资风格。相反，他建议阅读尽可能多的书籍，找到适合自己的风格。他说："如果某本书能让你兴奋起来，那它很可能就对你有用。"

巴菲特还建议，除了读书，还可以做些别的事情："尝试开始小规模的投资，不要只是读书。""查理，"他说，"你还有什么要补充的吗？"芒格自始至终保持着他的姿势——僵直地坐在椅子上，双臂交叉，眼镜镜片的厚度都快赶上可乐瓶了。只见他向他桌子面前的麦克风轻轻地移了移身体，提出了一种合乎逻辑的方法，这是他在会议期间对几乎一切提问的典型回答。

"问问自己，你拥有什么，为什么会拥有它？"芒格说。"如果你不能回答这个问题，你就不是一个投资者。"他斩钉截铁地说。巴菲特同意这一观点，并重复了他多年来对股东和学生们说过的话："如果你不能写出一篇文章来解释'为什么我要以目前的估值收购整个公司'，你就没有理由购买该公司的股票，哪怕只有 100 股。"

当然，巴菲特之所以能成为一位伟大的投资者，还有更多的原因——随着时间的推移，我们将逐渐明白这一点。但一切都始于阅读。

☆　☆　☆

**杰夫·马修斯**（Jeff Matthews）从 1993 年起担任拉姆有限合伙企业（Ram Partners LP）的普通合伙人，2017 年退休。杰夫写过几本书，其中包括《亲历巴菲特股东大会》（*Pilgrimage to Warren Buffett's Omaha*）。

# "书虫"售书记

## 菲尔·布莱克&贝丝·布莱克

"书虫"（Bookworm）与伯克希尔 – 哈撒韦年度股东大会的渊源，可以追溯到 20 世纪 90 年代。那是年会当周的星期天，波仙珠宝在摄政法院（Regency Court）为股东举办活动。作为阅读和教育的伟大推动者，巴菲特先生邀请"书虫"开了一家他认可的快闪式<sup></sup>书店——我们给伯克希尔的股东提供了折扣。我们深深地记得，在首次亮相的时候，巴菲特先生坐下来签名，说"我们卖些书吧"，然后立刻被股东们围得水泄不通。

---

○ pop-up shop，不在同一地久留的品牌游击店，指在商业发达的地区设置临时性的铺位，供零售商在比较短的时间（若干星期）内，推销其品牌，抓住一些季节性的消费者。——译者注

我们最初出售的书籍，已经成为沃伦·巴菲特和伯克希尔-哈撒韦股东图书收藏的基石，今天我们仍在出售这些经典著作的更新版本。这些基础书籍，按它们第1版的出版年份排列，包括：

- 安德鲁·基尔帕特里克（Andrew Kilpatrick），《投资圣经：巴菲特的真实故事》（1994）

- 罗杰·洛温斯坦（Roger Lowenstein），《巴菲特传》（*Buffett*: *The Making of an American Capitalist*，1995）

- 凯瑟琳·格雷厄姆（Katharine Graham），《凯瑟琳·格雷厄姆自传》（*A Personal History*，1997）

- 珍妮特·洛（Janet Lowe），《巴菲特如是说》<sup>⊖</sup>（*Warren Buffett Speaks*: *Wit and Wisdom from the World's Greatest Investor*，1997）

- 劳伦斯·A.坎宁安，《巴菲特致股东的信：投资者和公司高管教程》（1997）

2004年，当股东大会被转移到世纪链接中心时，"书虫"受邀在伯克希尔的展位上卖书，取名叫贝基书店（Berky Bookstore），现在我们就只使用自己的名字——"书虫"。我们是股东大会上唯一一个非伯克希尔子公司的展位。这是一种荣誉，也是巴菲特渴望他的股东们在金融领域不断学习的明证。

---

⊖ 此书中文版已由机械工业出版社出版。

在 2001～2017 年的年度股东大会上，彼得·考夫曼（Peter Kaufman）编辑的《穷查理宝典》（*Poor Charlie 's Almanack*）一直是最畅销的图书。除了上面列出的经典著作，其他畅销书籍还包括彼得·贝弗林（Peter Bevelin）的《探索智慧》（*Seeking Wisdom*）和《给投资者和经理人的几堂课》（*A Few Lessons for Investors and Managers*）；《聪明的投资者》，包括本杰明·格雷厄姆的经典版和贾森·茨威格的修订版；珍妮特·洛（Janet Lowe）为芒格写的传记《查理·芒格传》（*Damn Right!*）；劳拉·里滕豪斯（Laura Rittenhouse）写的《巴菲特的投资指南》（*Buffett's Bites*）。现在请你猜一下，我们在年度股东大会上的单日销量冠军是哪本书？是 2005 年第 1 版的《穷查理宝典》，卖出了 3500 本，标价为 49 美元，半价出售。（每本书重约 4.85 磅⊖，也就意味着我们卖出了约 7.7 吨重的书。）

巴菲特先生每年都会深度参与新书的挑选，以及图书的整体分类——每年的图书种类有限，只有几十本。年复一年，我们都在关注与伯克希尔 - 哈撒韦、巴菲特和芒格先生有关的书籍，并把我们认为巴菲特先生可能感兴趣的书籍告诉他。然后，他从以往年会上出售的经典著作、我们的新品推荐以及他在这一年读过的他认为对股东有价值的书里，挑选整理出一份书单。巴菲特先生特别感兴趣的是展示每本书在以往年度股东大会上的销售业绩的数据表。

---

⊖ 1 磅 = 0.4536 千克。

一旦巴菲特先生确定了书单，我们就开始从世界各地订购大量的书籍与音像制品。这些产品需要时间生产，因为许多书籍是根据我们的订单需求印刷的，而音像制品可能需要根据美国的 DVD 标准进行转换。我们可能会要求出版商加快出版流程，以便他们的书能及时赶上年会。除了采购，在每次年会前的几个月内，我们还会在其他细节上花一些时间，比如为每本书制作标牌和传单、与作者分享他们的书将获得推荐的消息以及安排员工和为年会周末提供服务的其他后勤人员。

为了完成这样一项重大的活动，我们依靠的是一个由"书虫"销售员及其家人、朋友和销售商共同组成的团队。在股东大会的周末，有多达 30 人在帮助我们。此外，我们还确保位于奥马哈的门店在繁忙时段有足够的员工。我们大多数人都参加过许多次年会，所以每个人都知道需要做些什么，几乎不需要多加解释。

年会前一个月，书籍和音像制品被运往奥马哈，并在会议前一周储存起来，送到世纪链接中心。在一天的时间里，8 个人在世纪链接中心建立起"书虫"的展台。星期六凌晨，我们的销售员起床为早上 7 点的图书销售做准备。

当大门打开时，我们已经为股东准备好了充足的库存和人手。这通常是一个忙碌的日子，在一个相对较小的展台，成群的股东购买成吨的书，这个展台的面积只相当于我们书店的一小部分。（最近，伯克希尔开始在周五为股东购物开放展厅，我们对此表示感谢。它使周六的购物更加有序。）

一旦大厅关闭，在一个多小时内，世纪链接中心就从人满为患到几乎空无一人，尽管在灯光熄灭的时候，不少股东还在逗留交谈。此时，我们的员工正前往当地一家餐厅，尽情享用他们的啤酒和比萨。

2018年是我们在股东大会上举办书展的第15个年头，只有在这样一支素质高、经验足的团队的帮助下，我们才能取得成功。伯克希尔已经组建了一支强大的团队，来处理股东大会日益复杂的物流、运输和仓储等事项。伯克希尔、薄荷设计集团（Mint Design Group）和TLK公司每年有条不紊地将大量的商家组织在一起展出，我们对此表示赞赏。

股东们说，他们来参加伯克希尔年度股东大会的主要原因之一，是与有共同兴趣爱好的人见面，并建立联系。出于同样的原因，我们的书商也期待着参加年会。每年我们都会遇到来自世界各地的人，其中许多人我们每年都能见到。有些人甚至给我们带来礼物（比如几箱加拿大啤酒），我们也会让他们孩子中的一部分在我们的展台工作。

我们在年会上也会遇到一些"名人"，诸如图书作者之类的，这总是很有趣，因为我们经常能学到一些新东西。我们见过伯克希尔的很多高管，过去和现在的都有，这让我们对公司的运营有了更深刻的理解。随着我们认识越来越多巴菲特家族的成员，我们对巴菲特家族有了更深的了解。伯克希尔的年会对股东来说是一次非凡的聚会。当然，这对书商来说也是一次很好的经历。

☆　☆　☆

　　**菲尔·布莱克**（Phil Black）和**贝丝·布莱克**（Beth Black）是内布拉斯加州奥马哈市"书虫"书店的共同所有者和经营者，他们于 1986 年创办了这家书店。

# 书 山 有 路

劳拉 · 里滕豪斯

1997 年，我看到了巴菲特写给股东的信，并阅读了他写的富有趣味的伯克希尔－哈撒韦年度股东大会邀请函。他的信新颖、有趣，富有启迪意义。这让我产生了给他写信的想法。令我惊喜万分的是，巴菲特回信了。我认为，坦率是高层沟通中的重要衡量标准，巴菲特对此表示赞赏，并力邀我参加 1998 年的年会。

我欣然应允。我很好奇，信中的人和真人一样吗？我能把钱托付给他吗？他说话算数吗？我在周末遇到了其他人，他们也有同样的问题。最后，当我登上回程的航班时，我带了纪念品，以及关于价值和价值投资的新想法。我的问题已经得到了解答。巴菲特不仅是真实存在的，他还是一个不同寻常的人——一个不是物质主义者的资本家。

2002年，受互联网泡沫破裂、安然破产和世贸中心恐怖袭击的启发，我写了一本《与你可以信赖的人做生意》（*Do Business with People You Can Trust*），它阐明了在商业和生活当中建立和维持信任的重要性。在书中，巴菲特允许我引用他致股东信里的内容。

我想在股东大会上发布这本书，于是我联系了菲尔·布莱克和贝丝·布莱克，他们是奥马哈市"书虫"书店的老板。他们同意采购我的书，并广为宣传，还举办了一场签售会。同年，罗伯特·迈尔斯（Robert Miles）出版了他的第2本书《沃伦·巴菲特的CEO：来自伯克希尔 – 哈撒韦经理人的经营秘诀》（*The Warren Buffett CEO: Secrets from the Berkshire Hathaway Managers*）。

这些新书的首次亮相非常成功。我知道，在股东大会上开一家书店是会议的有益补充。正如布莱克夫妇在本书的文章中所说，自从2004年在股东大会上搭了一个展台开始，他们就一直在那里卖书，他们对此一直深感荣幸。

我每年都会加入他们的行列，我喜欢看股东们沉浸在分享商业和投资理念的狂热氛围中，购买成堆的书籍。在那里，我与来自世界各地的许多作者和股东一起度过了无数难忘的时光。

股东积极分子比尔·阿克曼（Bill Ackman）和伯克希尔首席财务官马克·汉堡（Marc Hamburg）都是书店的客户。汉堡为一位身患癌症的朋友买了一本我的签名书。还有父母和祖父母让我为他们的孩子和孙子孙女们签名。是的，这里就是一个大家庭。

埃德·普利德维尔（Ed Prendeville）是伯克希尔的传奇人物。1984 年年初，他在亚当·史密斯（Adam Smith）的《超级金钱》（Supermoney）一书中读到有关巴菲特的信息后，立即购买了伯克希尔的股票。随后，他在红狮酒店召开的年度股东大会上与巴菲特见面，此后继续买进股票。

同年，埃德写信给巴菲特，谈到了巴菲特在工作时就像是一名玩具火车收藏家。巴菲特坦承，当他还是个孩子的时候，他就很想要一套莱昂内尔（Lionel）的火车模型。1988 年，当莱昂内尔的这套模型再次生产时，普利德维尔把它送给了巴菲特。巴菲特给他寄去了一张购买玩具火车模型的支票。埃德考虑过兑现，但后来还是决定把支票还给巴菲特，并附上了一张便条，感谢巴菲特为他的伯克希尔 A 股带来的巨额收益。巴菲特回复说："有你这句话，一切都是值得的。"从那以后，他们成了好朋友。

普利德维尔兄弟姐妹一共九人。多年来，他其他州的兄弟姐妹们都来过奥马哈。他住在阿拉斯加的兄弟丹尼斯经常来。有一年，普利德维尔一大家子一共来了 18 人，包括他 94 岁的母亲艾琳、儿子、女儿、侄儿、侄女，甚至他们的年轻朋友。

孩子们住在租好的房子里，大人们住在酒店里。普利德维尔意识到参加股东大会可以成为改变人生的礼物，于是他为孩子们支付了机票、住宿、餐饮和交通费用。

2001 年，普利德维尔和迷人的居家设计师辛西娅·哈里曼（Cynthia Harriman）频频约会。哈里曼疯狂地爱上了普利德维尔。当普利德维尔第一次邀请哈里曼一起旅行时，哈里曼想象的是巴黎或大溪地这样浪漫的地方。当普利德维尔说"奥马哈"时，哈里曼试图掩饰自己的惊讶和失望。但他们还是在 2005 年结婚了。从那以后，夫妻二人每次都会参加股东大会，从未错过去波仙珠宝店的长途跋涉。

2010 年 5 月初，来自澳大利亚布里斯班的致同会计师事务所（Grant Thornton）合伙人马克·奥黑尔（Mark O'Hare）造访奥马哈。从那以后，他参加了每一次年会，并打算一直继续下去。他喜欢与那些坚持原则、不轻易妥协的人交往。事实上，这种特质通常会使股东得到自我提升。

多年来，马克和妻子玛丽·特蕾莎坚持乘坐航班飞行 24 小时前往内布拉斯加，一同前往的还有他上大学的儿子杰克，以及形形色色的客户。时空变幻，岁月不居，马克总是会在凌晨 5 点准时到达世纪链接中心门口，耐心地排队等待开门，以确保自己和其他人能在里面占到座位。

2001 年，来自多伦多的基金经理吉姆·赛尔斯（Jim Seyers）

首次参加了伯克希尔股东大会。2007 年，他带着妻子娜塔莉和他们 10 ～ 14 岁的 3 个女儿以及 6 岁的儿子来到这里。清晨，他们抱着枕头和毯子挤进房车，前往内布拉斯加。他们开了两天车，在印第安纳过夜，并在股东大会开始前的星期四到达奥马哈。

从那以后，这家人每年都会参加股东大会。但 2015 年的旅行有所不同。那天早晨，当太阳升起时，他们正沿着多伦多 407 国道飞驰。在离家仅 30 分钟车程的地方，一辆皮卡迎头撞上他们的本田奥德赛。一辆松动的拖车二次撞击他们的汽车，把它猛撞在护栏上。汽车全毁了，然而每个人都奇迹般地活着。

赛尔斯踢开车门，大家很快都出去了。当警察赶到时，本以为会看到地上横七竖八躺着的尸体，而事实并非如此。赛尔斯、娜塔莉和女儿莎拉被紧急送往当地一家医院，他们浑身都是瘀伤，感到无比疼痛，有人甚至陷入休克状态。在医护人员的精心照料下，他们接受了治疗并很快出院。其他孩子从车上取出了行李，一个拖车司机把他们送回了家。

到家后，他们坐在一片死寂的房间里。娜塔莉问道：“我们要走吗？”突然门铃响了，一位来自租车公司 Enterprise 的司机正开着一辆车在外面等着。赛尔斯想起那天早上一个警察给他的忠告：“重新上路，把事故抛在脑后。”

“我们去奥马哈吧。”他说。下午 4 点，在事故发生大约 10 个小时后，赛尔斯一家就上路了。两天后他们到达了奥马哈。

　　孩子们喜欢这次旅行，去奥马哈就像参加一次家庭聚会。多年来，他们去迪利酒吧用过餐，帮忙卖过书，还核查过伯克希尔的商品货物。

　　赛尔斯是一位成功的基金经理，热衷于帮助人们做好财务准备，规划未来人生。巴菲特扮演着榜样的角色，因为他关心他的投资者，看重家庭的价值，不炫耀自己的财富，是一个特立独行的思想家。看世界上最富有的人之一践行这些价值观，为赛尔斯的孩子们以及我们所有人都树立了一个强有力的榜样。

☆　☆　☆

　　**劳拉·里滕豪斯**（Laura J. Rittenhouse）是投资者沟通和培训公司里滕豪斯排行榜（Rittenhouse Rankings）的 CEO，著有多本书，包括《读懂上市公司：掘金股市公开信息》（*Investing Between the Lines*）<sup>⊖</sup>。

---

　　⊖　此书中文版已由机械工业出版社出版。

# 呼叫查理·芒格

## 吉姆·罗斯

一切都始于《枪炮、病菌与钢铁》（*Guns, Germs and Sted*）。在一个安静的周六下午，"枪炮、病菌与钢铁……枪炮、病菌与钢铁……"不断萦绕在我的耳际。

我在奥马哈国际机场担任水石书店（Waterstones Booksellers，现更名为哈德逊书店）的经理已经一年多了。我们处在候机楼大厅中的一个区域内，这是一个宽阔空旷的走廊，乘客们要么是在这里寻找洗手间，要么是从机场的另一边匆匆跑来赶飞机，要么是迷路了。我们会祈祷航班延误，不管是出于天气原因，还是机械故障，任何事都可以。因为，航班延误至少会让乘客有机会走到这条人迹罕至的走廊，在航站楼逡巡，并发现我们。

　　那天下午，并没有航班延误。有三本贾雷德·戴蒙德的书，放在我们的"自然科学"（Science & Nature）图书区的显眼位置。我们在几分钟内就把这三本书都卖掉了。起初，我以为自己是个销售天才。在收到 20 次对该书的询问后，我意识到自己并没有想象中那么英明神武。任何一家有尊严的书店都至少会卖出那么多本，而我本应卖出 100 本。

　　我天真地问一位身着西装、打着领带、穿着网球鞋的顾客，小城里是否在召开人类学家大会。他说他不知道，他不是奥马哈人，然后就走了。之后又来了另外一群人，同样也是询问有没有这本书。我说，这太疯狂了！发生什么事了？为什么人们突然对一本关于塑造世界的环境和生物因素的学术专著产生了兴趣？这是一本好书，但我不认为它是一本"飞行"读物。最后，有人解开了我的疑惑："查理正在读这本书。"

　　"查理·芒格？"

　　我和我的兄弟们与巴菲特的三个孩子——豪伊、苏茜和彼得从小一起长大。我们都上了邓迪小学、路易斯 & 克拉克初中和传奇的中央高中。豪伊和我一起参加过童子军。我和他们的父亲住在同一条街上。尽管如此，我的反应还是有点迟钝。在股东大会上推荐阅读书目？我从未见过查理·芒格。我读过一些关于他的资料，对于他对伯克希尔的影响也有一些模糊的了解。我又多读了一些资料，发现了劳伦斯·A.坎宁安的经典著作《巴菲特致股东的信：股份公司教程》。

　　每逢召开股东大会，芒格和巴菲特都会推荐阅读书目。事实上，他们无时无刻不在推荐书籍。当我再次偶遇巴菲特时，我向他"诉苦"，说起了机场书店对年会推荐书目的需求。我说："你先告诉我们，你和芒格先生最近在读什么。年会召开的那个周末我们会大量进货，做好库存准备。你们可以大力宣传，不吝溢美之词，这样我就不愁业绩了。"

　　巴菲特回答说："如果没人问怎么办？"

　　我说："不太可能，总有人问。"

　　"如果你弄了一大堆滞销的书怎么办？"

　　我很吃惊，沃伦·巴菲特居然担心我会出现库存问题。他们拥有大批追随者，其原因远远超出经济利益的层面。我解释说，卖不掉的书是可以退的。我只承担运费，我愿意冒这个险。

　　他说："好吧，我把查理的电话号码给你。你在年会召开前90天左右给他打电话。他会告诉你，我们正在读什么。"

　　我僵住了。

　　"可以吗？"

　　"可以，当然可以。"巴菲特答道。我向他道谢。我把写着电话号码的那张纸放进了自己的钱包。在接下来的几个月里，我每周都要检查那张纸，反复到字迹都被我弄得有些模糊了。当那个决定命运的日子到来时，我忐忑不安地拨下了洛杉矶的区号。我以为我会撞到负责接听电话的行政助理，我以为自己有时间整理一下思绪。然后，我又想我可能根本没有机会和芒格说话，一个空洞的声音会报给我一连串书名……电话铃响了两声。

"我是查理。"电话那头传来一个声音。

"嗯，嗯，芒格……芒格先生。"我突然有点不知所措，不知道该说些什么才好。我勉强说出自己的名字，然后急匆匆地引入与钢铁、病菌或枪炮相关的话题。

正当我语无伦次的时候，一个平静而沉着的声音说道："我知道你是谁。我知道你为什么打电话来。我能帮到你什么吗？"

我们围绕书籍谈了将近15分钟。当时他对荣·切尔诺（Ron Chernow）写的《洛克菲勒传》（Titan）特别感兴趣。我刚好之前也读过这本书。与戴蒙德一样，切尔诺后来也获得了普利策奖，不过与戴蒙德不同的是，他的《汉密尔顿传》（Alexander Hamilton）激发了文艺圈创作百老汇音乐剧的灵感。早在那些书获奖之前，芒格就挑选并阅读了它们。他还推荐了罗伯特·哈格斯特朗的《巴菲特的投资组合》（Warren Buffett Portfolio）⊖，哈格斯特朗的早期著作《巴菲特之道》曾是畅销书。

———————
⊖　此书中文版已由机械工业出版社出版。

到了临近年度股东大会的时候，我的员工已经在我们的书架上放满了那些书。会上有人问芒格，有什么书籍值得分享。芒格先生不仅推荐了书，还推荐了我们的书店。人们涌进了书店，把我们围得水泄不通。罗伯特·哈格斯特朗还过来在书上签了名。奥马哈机场管理局的警察被招来维持秩序、疏导人群。他们用绳索把各个区域隔开，好像我们是一个航空售票处。我接到机场执行董事的电话，他对我没有提前通知他们这件事感到很不高兴。最后，我偷偷溜出去，送芒格先生乘坐联合航空公司的航班回洛杉矶。我们坐在候机区，我跟他握手，感谢他推荐了我们讨论过的书籍，更重要的是，感谢他为书店做了宣传。他说："听起来你好像知道自己在做什么。"

"'听起来'是关键词。"我回答道。

他笑了。

我壮着胆子告诉他，他乘坐的航班要在丹佛中转。我们现在有从奥马哈直飞洛杉矶的航班。

他说："吉姆，中转更便宜。"

我觉得自己像个白痴，我居然给查理·芒格提建议。乘务员开始提醒头等舱的乘客登机。我站起来，他抬头看着我，问我要去哪里。"我以为你去……"

他缓缓地摇了摇头："我不坐头等舱。"

在他登机之前，我问他，以后能不能再来一次。他说："你知道阿拉伯人是怎么说的。"

"不，我不知道，阿拉伯人怎么说？"

"若真主愿意。"他回答道。

多年来，我在他的私人飞机上看到过成堆签名版的《查理·芒格传》——珍妮特·洛为他写的传记。有一年，当我们在展厅踱步时，我注意到查理的妻子南希的手臂上有一些油漆斑点。我问她是否在画画。她说："我们昨晚粉刷了主浴室。查理不喜欢之前的颜色。"

我问道："年会的前一天晚上，你亲自重新粉刷浴室？"

芒格快步走在我们前面，回头喊道："自己可以的时候，为什么要雇人做呢？"

有一年，芒格走进书店，手里拿着一本阿瑟·赫尔曼（Arthur Herman）写的《苏格兰：现代世界文明的起点》（*How the Scots Invented the Modern World*）。他向我道歉，并说在我们最后一次谈话的时候他忘了提起这本书。我说能和他交谈，我已经是荣幸之至了。他说："我们不要把它视为某种异端邪说。"多年来，我们书店始终摆着这本书，它一直是我们的销售爆品之一。

后来，芒格出行会乘坐一架利捷飞机。他的行政助理会打电话给我，告诉我机尾号码，然后我会在机场另一边的私人飞机航站楼给他接机。他第一次乘坐私人飞机到达时，我问他航班怎么样。他说："吉姆，这是一架利捷，体验简直是**妙不可言**。"

我给芒格看了一本彼得·贝弗林的《探索智慧：从达尔文到芒格》的样书。第1版是平装本，后来巴菲特让彼得出版精装本。我们从瑞典进口了平装本，并在全美各地销售了数千本。当彼得·考夫曼第一次向我描述《穷查理宝典》时，我被迷住了：咖啡桌般的精装彩色封面，采用了迪士尼插画师的作品，以博物馆藏品的质量标准制作而成。

我唯一质疑的是49美元的售价，它的价钱应该是这个的两倍。显然，查理的妻子南希为吸引更多的读者设定了低价。第1版发行后，在奥马哈国际机场的私人飞机航站楼，我借了一间会议室。我们带来了成堆的《探索智慧》《穷查理宝典》，还有《查理·芒格传》请芒格先生签名。当看到芒格面前堆积如山的书时，我觉得自己做得太"过分"了，于是问他这是不是有点多。他说："每年我都要在奥马哈当一回名人。我能行。"

在后来的几年里，我都会邀请机场的工作人员打开书页，请芒格签名。有一次，我向芒格介绍了机场的执行董事、财务总监，因为了解到芒格对建筑的兴趣，还向他介绍了我们的建筑师。芒格环视了一下房间说："现在你们都在为吉姆工作。"

我确信，芒格先生和巴菲特先生是我这辈子见过的最聪明的人。我非常感谢巴菲特先生的介绍，也非常感谢他多年来为我推荐的书籍。

我也很感谢鲍勃·迈尔斯（Bob Miles），是他提出了在 Dairy Queen 店外卖书籍的绝妙主意，但那是另外一个故事了，说来话长。下次你飞到奥马哈国际机场时，顺便来趟书店，我会告诉你的。

☆　　☆　　☆

**吉姆·罗斯**（Jim Ross）是奥马哈国际机场哈德逊书店（Hudson Booksellers）的经理。

# 伯克希尔的巾帼之星

卡伦·林德

我的家乡内布拉斯加州奥马哈市在每年春天的伯克希尔 – 哈撒韦年会期间，向全世界敞开怀抱，欢迎八方来客。自 2008 年以来，每年参加年会的人数都超过了 3 万，与之有关的教育和社会活动也在不断增加。毫无疑问，伯克希尔股东大会的观众规模在全世界的公司年会中可谓首屈一指。

宽阔的街道，充足富余的停车场，以及平易近人、乐于助人的人们，常常令到奥马哈的游客感到惊讶。外地的股东注意到，伯克希尔总部所在的那幢不起眼的办公楼上没有标识。另一家《财富》500 强企业基威特（Kiewit Corporation）也在奥马哈，它的黄色 "Kiewit" 标识相比伯克希尔就醒目多了。

世纪链接中心已经与伯克希尔股东大会建立了牢固的合作关系，尽管每年的会议议程一如往常，但依照吸引了众多与会者，其中有些人还反复参加会议。事实上，这种体验的一部分吸引力在于每年一度的标志性传统活动：跑着去会场占座，参加沃伦·巴菲特投掷报纸的挑战以及去迪利酒吧排队。

如果你想在贾斯廷或者布鲁克斯（Brooks）找到适合自己尺码的靴子、在鲜果布衣店买到心仪的内衣，就有必要早点去。库存有限，大众尺寸的很快就会售完。星期五下午的展厅购物，是日程表里的新活动，是近来才有的，非常方便。

年会期间，我受到启发，写了《伯克希尔的巾帼之星》（The Women of Berkshire）。这是因为每年在开幕影片中都会有一段音乐模仿秀的蒙太奇镜头，向伯克希尔旗下所有子公司的经理人致谢。经过连续几年的观察，我对这些子公司的女性经理人产生了浓厚的兴趣，并希望对她们有更多的了解。

在 2011 年的年会上，我在展厅见到了 3 位杰出的经理人——来自宠厨（The Pampered Chef）的多丽丝·克里斯托弗（Doris Christopher）和马拉·戈特沙克（Marla Gottshalk），以及商业连线（Business Wire）的凯茜·巴伦·塔马兹（Cathy Baron Tamraz）。

宠厨的展台热闹非凡。队伍排得很长，商店的大部分存货都售罄了，早上装满厨具的箱子被一扫而空。多丽丝和马拉都在忙着卖剩下的货品，但她们还是抽出时间和我谈了谈。我相信很多消费者并不知道，这两位"销售代表"正是公司的创始人和CEO。

商业连线展台每年的重点都是为奥马哈道格拉斯县法院指定特别辩护律师（Omaha's Douglas County Court Appointed Special Advocates）提供支持，这是一个由训练有素的公民志愿者组成的网络慈善组织，关注的是在司法体系中受虐待和被忽视的儿童。虽然很受欢迎，但商业连线的展台那天并没有出现人潮涌动的现象，因为它的市场不是由消费者驱动的。（商业连线为公司和组织处理与新闻发布相关的问题。）不过，凯茜·巴伦·塔马兹有一群忠实的拥趸（包括我），他们会偶尔过来聊聊天。

面对这些杰出的商界女性，我向她们请教关于商界女性领袖的话题，她们提供了许多宝贵的见解。正是因为有了她们的支持，我才得以将我的书推销给了沃伦·巴菲特，然后又推销给了出版商John Wiley & Sons。

我的书在第二年，也就是2012年的年会上首次亮相，所以当时整个周六我都待在展厅里。奥马哈当地的"书虫"书店拿来了成堆的书让我签名。在众多有关沃伦·巴菲特和伯克希尔－哈撒韦的书里，我的这本书不断被人注意到。

对我来说，2012年是迄今为止最难忘的一年。我给好多本书签了名，和读者们握了手，这是我与他们见面的绝佳机会。

写书是一件既快乐又艰辛的事情，而与读者见面，尤其是与那些聪明、好奇、对作品感兴趣的读者见面，会让你觉得所有的付出都是值得的。典型的伯克希尔股东就是这样，为他们写作是一种乐趣。

当大型活动来到奥马哈小城时，我很少听到当地人的抱怨。当地人为奥马哈和伯克希尔感到骄傲。来访的股东醉心于体察当地的风物，当地人也为他们的到来感到高兴。伯克希尔股东的热情是坚定不移的，他们对前景的积极心态也是如此——即使是在低迷的市场上。他们效仿沃伦·巴菲特，表现得很节俭——尽管有时候"花得越多，存得越多"。

年会期间，看到巴菲特住所外的出租车和观光者，奥马哈当地人觉得非常有趣。与巴菲特的家、戈瑞牛排馆（Gorat's）、波仙珠宝店以及世纪链接中心合影自拍的次数，每年都会达到数千次之多。

始于2016年的雅虎（Yahoo!）财经直播，让更多来自世界各地的人得以体验这一独特的活动。虽然网络直播可能会导致出席率下降10%，但你若亲临现场，则会发现观众的兴奋程度并没有降低。多年来，伯克希尔年度股东大会灵活地适应了与会者的需求，采用最新的技术，不断改进体验，让与会者感到更加舒适自然。

20年后的股东大会将是什么样子？可能会出现哪些新的子

公司？有多少人会亲自参加，有多少人会远程参加？股东都来自哪里？一切只能猜测。但无论如何，奥马哈将永远欢迎伯克希尔的股东。

☆　☆　☆

**卡伦·林德**（Karen Linder）是特龙 3D（Tethon 3D）打印公司的总裁兼 CEO，以及私人投资公司胡麻资本（Linseed Capital）的负责人。同时，卡伦也是《伯克希尔的巾帼之星》的作者。

04

THE
WARREN BUFFETT
SHAREHOLDER

第4章

演 说 者

THE WARREN BUFFETT
SHAREHOLDER

# 与伯克希尔的偶遇之缘

罗伯特·迈尔斯

    1997 年，我想知道谁是世界上最伟大的投资者，以及他能否帮我和我的家人理财。一款互联网搜索引擎（谷歌的前身）揭示了答案：沃伦·巴菲特，以及我闻所未闻的一家企业集团——伯克希尔 – 哈撒韦。

    我想知道更多。彼时，罗杰·洛温斯坦引人入胜的传记《巴菲特传》刚刚出版，我如饥似渴地读完了。作为一名企业主和投资者，我发现巴菲特平易近人、直言不讳，这种美国中西部的人格气质很有吸引力。我还饶有兴趣地阅读了伯克希尔 – 哈撒韦公司的年报。当时伯克希尔 A 股的交易价格为 3 万美元/股，而 B 股（现在是 A 股价值的 1/1500）经过拆股调整，最近的发行价格为 20 美元 / 股。

我投资了伯克希尔，并像大多数投资者一样小心翼翼地求证，而且我觉得有必要参加我的第一次年会。让我感动的是，一位年长的女士拿起麦克风说："巴菲特先生，我只持有 B 股。请问我可以问个问题吗？"巴菲特回答说："这位女士，我告诉你，咱俩加在一起有公司一半的股份。你当然可以提问。你的问题是什么？"<sup>⊖</sup>我知道这是我喜欢的管理层、我喜欢的公司、我喜欢的股东，而我也是股东群体中的一员。

在所有的企业年会中，伯克希尔股东大会的一切都是独一无二的。首先，伯克希尔在周末举办了一个庆祝节日，主题是弘扬企业家精神和股东文化。巴菲特称股东为合伙人，他们会在凌晨排队等候入场，然后填满整个会场。伯克希尔旗下的子公司会在毗邻的会议中心布置展厅，展示产品和服务。每位股东最多可带 3 位嘉宾同往，股东大会将在网上直播，并翻译成多种语言。在回答问题的 6 个小时里，巴菲特和芒格不会使用任何参考资料，这显示出了他们卓越的思维能力，以及对历史数据无与伦比的掌控能力。简而言之，伯克希尔股东大会是企业年度股东大会的黄金标准。

相比之下，其他企业的年会则显得黯然失色。IBM 的年会是其他大公司年会的典型代表。这里给 IBM 的年会画个像：

---

⊖  这里巴菲特是为了鼓励参会者多提问，故而有半开玩笑的成分。但实际上巴菲特的持股不到伯克希尔的 50%。——译者注

进入市中心一家酒店的宴会厅，一排身着蓝色制服的 IBM 员工面带微笑，要求来客出示身份证件和入场凭证。股东不得带其他嘉宾进场。没有展出或出售的产品或服务，也没有样品能俘获这些观众的心。在会议室外，**所有股东都被要求**检查手机。IBM 使用金属探测器，确保股东的手机符合会议要求。令人不解的是，在会场中的 IBM 员工竟然在玩智能手机。为什么员工可以使用移动设备，股东却不能？最有可能的答案是：IBM 担心投资者可能会收集潜在的令人尴尬的信息，用来攻击管理层和公司。

走进 IBM 年会的会议室，感觉就像回到了 20 世纪 60 年代，对于一家科技公司来说，这很奇怪。一根丝绒绳索将股东们和高管、董事们隔开。台上摆放着老式的总裁椅，是为公司董事长、董事会秘书和财务总监准备的。高管们从前面的一扇单独的门出来，径自坐到讲台正前方的座位上。接下来，所有的董事都坐在指定的座位上。

董事长发表了一篇事先准备好的演讲，提到了公司的成就，以及股息和股票回购的增长。一段亮点纷呈的视频紧随其后。随后是股东投票。然后来到股东提问环节，由于所有问题都是未经过滤和未知的，这个环节似乎让董事长感到很不自在。董事长只回答了几个问题，就结束了问答环节并宣布会议结束。这个法律规定的会议会持续 1 个小时。对于普通股东来说，不值得花费时间和金钱来参会。之后，投资者拿到了他们的手机。我注意到，一个股东用他的手机下单，立即卖掉了**所有 IBM 的**

股票。而在伯克希尔股东大会召开以后，股东们往往会购买更多股票。

回到伯克希尔的话题。我总是说，如果你想理解一些事情，就把它写下来。在投资伯克希尔几年之后，我登录了一个名为"伯克希尔愚人"的网络论坛，并给自己取了一个"简单投资者"（simpleinvestor）的网名。作为一项自我挑战，我发誓要列出持有伯克希尔的 101 条理由。更大的挑战是，我并不确切地知道，这 101 条理由会是什么。

在接下来的 4 个月里，我每天都会发布一条新颖独特的理由。比如，伯克希尔是唯一一家出版股东手册的公司，其中列出了公司经营方面遵循的 15 条原则。（请访问公司的原始网站 berkshirehathaway.com 下载并阅读。如果你同意这些原则，那就买入它的股票。）我几乎不知道，这项尝试将成就我的第一本书——《伟大的事业：沃伦·巴菲特的投资分析》（*101 Reasons to Own the World's Greatest Investment: Warren Buffett's Berkshire Hathaway*）。

最初，这本书是我自行出版的，但我想要它的影响更大一些。于是，在伯克希尔股东大会的前一天晚上，我宣布在 114 街的 Dairy Queen 和道奇酒店举办一场作家招待会，赠送冰激凌甜筒。当有消息传出，巴菲特将出席并签名，最重要的是，吃他最喜欢的 DQ 的 Dusty Sundae 时，这个活动很快就人满为患了，全世界的媒体都参加了。直到那时，我才知道巴菲特一直在关注我以"简单投资者"为名发布的那些帖子。

很快，我开始在世界各地演讲。在伯克希尔股东大会的前一天，我给向内布拉斯加大学奥马哈分校（UNO）商学院的本科生和感兴趣的股东们做了演讲。

在庆祝巴菲特 70 周岁生日的午餐会上，巴菲特建议我不要再写他了。他说，伯克希尔背后真正的故事主角是经理人。这就引出了我的第二本书《沃伦·巴菲特的 CEO 们》(*The Warren Buffett CEO: Secrets from The Berkshire Hathaway Managers*)。不久，我受邀出席《奥马哈世界先驱报》投资会议。后来，我给了巴菲特一份 400 页手稿的预印本。第二天，他打电话说他一口气读完了这本书，并更正了 6 处错误。

《沃伦·巴菲特的 CEO 们》这本书出版后，在全球五大洲的 20 多个国家引起了轰动。这也促使了"沃伦·巴菲特的 CEO 们"系列访谈节目的问世，这档节目由 UNO 电视台及奥马哈公共广播频道出品，在伯克希尔年会前播出。如今，在 YouTube. com 网站上，仍然可以找到这些罕见的视频。接下来是音频节目和我的第三本书《沃伦·巴菲特的财富：世界上最伟大投资者的原则和实践》(*Warren Buffett Wealth*: *Principles and Practical Methods Used by the World's Greatest Investor*)。

自 2004 年以来，在伯克希尔股东大会之前的几天时间里，我组织了越来越多的活动。开始是价值投资者大会（Value Investor Conference），它吸引了来自全球各地的与会者。会议在 UNO 的斯科特会议中心（Scott Conference Center）举行，吸引了查克·阿克雷（Chuck Akre）、马里奥·加贝里（Mario Gabelli）、比尔·尼格伦（Bill Nygren）、大卫·波普（David Poppe）和汤姆·拉索（Tom Russo）等著名价值投资者前来参会。

奥马哈价值晚宴（Omaha Value Dinner）和奥马哈 CEO 晚宴（Omaha CEO Dinner）是与会者在周四和周五晚上会面的方式。现在，在价值投资者大会之前，还会举行一系列峰会，围绕企业价值、查理·芒格、慈善事业和伯克希尔生态系统等话题进行轮番讨论。演讲者包括劳伦斯·A.坎宁安、托马斯·盖纳、卡伦·林德和保罗·朗提斯（Paul Lountzis）。

所有这些活动，为内布拉斯加大学设立奖学金、开办高管教育和举行各种慈善义举提供了超过 17 万美元的资金。

很快，UNO 商学院聘请我教授一门 EMBA 选修课，课程名称是"天才投资家沃伦·巴菲特：投资科学与管理艺术"（Genius of Warren Buffett: The Science of Investing and The Art of Management）。这门课程根据我在世界各地的演讲整理而成，在秋季和伯克希尔年会前的一周内开设，现在该课程已经有来自 35 个国家的 300 多名毕业生。

20 年前，当我寻求成为一名基金经理时，我并不知道这会让我成为一名作家、讲师、研讨会主持人，或者对公司和管理者有深入了解的专家，但事实确实如此。所以请注意：参加伯克希尔年会周末的一系列活动可能会让你上瘾，也可能改变你的人生。

**罗伯特·迈尔斯**（Robert P. Miles）是内布拉斯加大学奥马哈分校工商管理学院的驻校高管。罗伯特写过一些书，其中包括《沃伦·巴菲特的 CEO 们》。

# 奥马哈，明年见

✧

## 维塔利·凯茨尼尔森

"耶路撒冷，明年见"是所有犹太人在逾越节结束时唱的一句歌词。

"你 24 年前离开俄罗斯，现在才第一次访问以色列？"本－古里安机场的以色列边检官员一边翻阅我的美国护照，一边对我"咆哮"。自从 1991 年搬到美国后，我一直在唱"耶路撒冷，明年见"，但从未按照它说的做。现在已经是 2015 年了，我虽然还没有踏足过我神圣的家园，但是已经被身为犹太人的内疚感淹没了！

正如犹太人相信以色列是一个永恒存在的家园一样，对于价值投资者来说，在 5 月初的 3 天时间里，奥马哈就是伯克希尔股东的家园。我第一次朝圣是在 2008 年。我刚写完第一本关于价值投资的书，John Wiley & Sons 出版公司的编辑就推荐我参加周末在奥马哈 Dairy Queen 举行的签售会。

我感到一头雾水。两年来，我辛辛苦苦写这本书，难道就是为了在快餐店里签售？也许，在 DQ 之后，我要升级去汉堡王签售了！

"你会明白的。"编辑说。

当我到达 DQ 的时候，里面挤满了作者、书迷、媒体，当然，还有冰激凌。不知为何，这看上去很自然：价值投资者（同时也是书迷）来到 DQ，与作者见面，购买书籍，并享用豪华的芝士汉堡。很快，这个活动吸引了很多人，以至于 DQ 的店面显得有些捉襟见肘。在随后的几年里，这个活动改在克瑞顿大学举办。对于希望与读者见面的投资书籍作者来说，没有比这更好的地方了。

这次 DQ 之行让我收获颇丰。

在那之前，我对 DQ 冰激凌不感兴趣。然而，从那以后，我会带着家人、朋友、同事和客户去全国各地的 DQ 店。有一次，我陪客户去高档餐厅用餐，我们没有在餐厅吃甜点，而是直奔 DQ。我跟他讲在奥马哈的 DQ 签名售书的故事，忽然间，我们俩都觉得，在享用了一顿丰盛的晚餐后去 DQ 是一件自然而然的事。

我还结识了哈德逊书店的经理吉姆·罗斯，他组织了一场场签售活动。哈德逊书店是位于奥马哈机场的一家小书店，它可能是世界上唯一一家出售所有价值投资书籍的机场书店。每年航班落地后，我的第一件事都是向吉姆问好，并浏览到店的新书书目。我的几本书被很多读者朋友奉为至宝，而我也乐于为他们签名。

在 DQ 的那一天，一个和我相貌相似的帅哥找到了我。我们开始交谈，他告诉我，他叫伊桑·伯格（Ethan Berg），来自马萨诸塞州勒诺克斯市。由于我们长得很像，人们常常弄不清我们到底谁是谁。有次伊桑去参加一个价值投资会议，人们会走过去问他："维塔利，你能在我的书上签名吗？"刚开始，他总会解释说："我是伊桑。"然而，过了几次，他开始说："当然可以！"并在书上签名。DQ 是伊桑和我之间美好友谊的开始。

我发现，DQ 的签售只是冰山一角。在奥马哈，你有机会学习，也有机会在几十个不同的活动中结识有趣的人。

我很幸运能够作为专家组成员或演讲者，参与其中的一些活动。有一年，我很偶然地成为奥马哈 CFA 协会的客座演讲嘉宾。原定是我的朋友惠特尼·蒂尔森（Whitney Tilson）与罗伯特·哈格斯特朗对话，但他临时有事无法准时到达现场。不知为何，CFA协会知道我在城里，让我临时救场。哈格斯特朗的书《巴菲特之道》是我读的第一本关于巴菲特的书。突然，我和这本书的作者站在了同一个舞台上。这种神奇的体验，只在奥马哈才有！

我最喜欢的活动（多年来我每年都参加）是由奥马哈表演艺术中心（Omaha Performing Arts Center）的青年总裁协会（Young Presidents' Organization）组织的，我和两个汤姆（汤姆·盖纳和汤姆·拉索）一起登台。汤姆·拉索对消费品牌的了解比这些品牌的销售员还要多。自从第一次世界大战以来，他一直持有雀巢的股票——好吧，我有点夸张，但他持有这些股票的时间可能比他公开的要长得多。汤姆·盖纳通过盈利的保险业务和明智的投资组合，建立了马克尔——一家类似伯克希尔集团的专业保险公司。

在一个小时的时间里，我和两个汤姆回答了观众的问题。在某些场合，我在台上听的比说的多，这就是其中之一。此项活动由奥马哈牛排公司（Omaha Steaks）CEO托德·西蒙（Todd Simon）提供赞助（他是该公司的第三代掌门人）。

在2017年股东大会的周末，我要在GuruFocus大会上做一场演讲。我比平时更紧张。我同意做这场演讲，是因为我想推动自己去探索一个新的话题。我想专注于投资过程。GuruFocus似乎为我找到了合适的听众。

我需要一个迫在眉睫的最后期限，来自我加压，以释放我的创造力。在动身前往奥马哈的两天前，我写了一篇长达 9 页的演讲文稿，题为《如何在一个非理性的世界里保持理性》（How to Stay Rational in a Irrational World）。一天后，我制作了 40 张幻灯片，在演讲前一个小时我还在修改完善。

GuruFocus 会议在奥马哈市中心的希尔顿逸林酒店举行。大约 200 名与会者挤进了宴会厅。我讲了几分钟后，停电了。虽然几秒钟后灯又亮了，但我的麦克风和投影仪都无法使用了。

接下来的演讲，是我十多年来数百次演讲中最出彩的一次。GuruFocus 的创始人田测产（Charlie Tian）给我发了一封电子邮件，他说："通过我们的与会者调查，你被评为最优秀的演讲者之一。"

我分享这一珍闻，不是为了炫耀，而是为了反映我们人生旅途中那些让人难忘的瞬间。当灯光再次亮起时，我意识到投影仪和麦克风都坏了，令我惊讶的是，我的压力陡然下降，我感到愈加平静。突然间，我不再去关注应在何时切换幻灯片，我不需要遵循之前列出的提纲要点。我可以仅仅讲一个自己熟稔于心的故事，我的 40 张幻灯片反而会让我分心。直到灯光熄灭，与会者的目光才开始转向我；在此之前，他们只是试图阅读我的幻灯片。他们的目光投向的是屏幕，而不是我。

如果我要重做那个演示文稿，它只会有 5 张幻灯片：一张"你好"的幻灯片，中间三张带有图片的幻灯片，还有一张"再见"的幻灯片。

☆　☆　☆

2008 年我第一次去奥马哈时，我的目标很明确：见到巴菲特和芒格，听到他们的讲话。诚然，我不喜欢早上 5 点起床，也不喜欢在寂静的暗夜里排队，然后进到一个巨大的体育场里，在一个并不舒适的座位上坐 6 个小时，但最初几次，所有这些的确让人有种冒险的感觉。

几年后，你会一次又一次听到同样的问题和答案。年会中最重要的事情不是正式的会议议程，而是你周围所有的人和事。

我越来越期待伯克希尔的周末。巴菲特和芒格不再是吸引我前往奥马哈的主要动力，但他们创造了一个巨大的价值投资生态系统，将 4 万名投资者带到了一个在地图上小到可以忽略不计的西部小镇。

对我来说，伯克希尔周末是一个难得的机会，可以见到来自英国、德国、瑞士、澳大利亚等世界各地的朋友。我们分享食物，讨论股票，并结交新朋友。

随着年龄的增长，我开始意识到生活中最重要的事情是人际关系。我的很多人脉都是在奥马哈开始和发展的，因此，每年我都会说"奥马哈，明年见"，并且言出必行。

☆　☆　☆

**维塔利·凯茨尼尔森**（Vitaliy Katsenelson）是科罗拉多州丹佛市价值投资公司——投资管理联合公司（Investment Management Associates，Inc.）的 CEO 兼首席投资官，也是《如何在横盘的市场上赚钱》（*The Little Book of Sideways Markets*）的作者。

# 克瑞顿专家组

## 约翰·温根德

　　我从小在奥马哈长大，亲眼见证了伯克希尔－哈撒韦年度股东大会发展成为一项国际性的盛大活动。在我很小的时候，作为一名自封的股东，我参加年会时不需要出席证。后来我用的是一个朋友的出席证。现在我以正式股东的身份参会，自豪地佩戴着自己的出席证。

　　作为奥马哈克瑞顿大学的一名教授，自 2008 年以来，在每个伯克希尔－哈撒韦公司年会前的那个周五，我都会在组织价值投资专家组（Value Investing Panel，VIP）帮忙。在每一个由我们的学生组织的小组中，我们都邀请了两位主持人和几位专家组成员，来回答一些问题（包括来自观众的提问）。多达 500

人参加了这个活动，他们从汤姆·拉索、惠特尼·蒂尔森和圣母大学的弗兰克·赖利（Frank Reilly）教授等人那里听说过关于这个活动的信息。活动的主题涵盖了永恒的投资基本面、当前资本配置的挑战以及需要剖析的具体观点。当然，这个活动的灵感来自伯克希尔年会，这也是我们成功的源泉。

由于职业的原因，我对伯克希尔股东大会的兴趣可以追溯到 20 世纪 90 年代，当时我在俄克拉何马州立大学教授投资和金融课程。在课堂上，我以巴菲特和伯克希尔为例，强调年会是股东做出投资委托的一种独特模式，尤其是在与会者人数激增的情况下。在上这门课之前，我在俄克拉何马州的学生和同事们只知道奥马哈是世界高校比赛（NCAA 棒球锦标赛）的举办地，而由于伯克希尔股东大会的存在，他们很快就知道奥马哈也是一个投资圣地。

随着我事业的发展，我回到了奥马哈，担任克瑞顿大学经济与金融系主任。在那里，我的前任罗伯特·约翰逊（Robert Johnson）博士创建了一个由学生管理的投资基金，他从学校的捐赠基金中拨出 10 万美元作为种子基金。担任基金经理的学生们报名参加了一门有关投资实践的课程，早些时候沃伦·巴菲特还特意与这些学生会面，为他们提供指导。

后来，约翰逊博士被调到美国金融服务学院（American College of Financial Services），现在又去了 CFA 协会。在他离开克瑞顿大学以后，我开设了现在的这门课程并任教多年。这门课程要求学生阅读特许金融分析师（CFA）教材，重点聚焦于巴菲特的基本面分析方法。这些学生的表现很好，目前这只基金的资产价值超过 700 万美元，自成立以来，其大部分季度的投资回报率都超过了标准普尔 500 指数。作为期末考试的压轴活动，学生们会参加伯克希尔年度股东大会，并按要求撰写一篇参会的心得体会。

随着克瑞顿大学的课程整合了越来越多的价值投资方法，我们继续寻找途径，希望将伯克希尔年会与我们的活动更好地结合，而价值投资专家组（VIP）可能是其中最重要的一环。这个想法源于我在中国的教学经历，当时我在北京大学教授一门MBA 课程，这门课程是北京大学与包括克瑞顿大学在内的一个大学联盟合作开设的。在那里，我结识了林毅夫博士，他组织了一个系列讲座，演讲嘉宾都是诺贝尔奖得主。

哥伦比亚大学教授约瑟夫·斯蒂格利茨（Joseph Stiglitz）是最早接受林毅夫演讲邀请的嘉宾之一，也是北京大学系列讲座的常客，我也因此有幸和他成为朋友。有一次，我提出了一个想法，那就是在伯克希尔年度股东大会前的周五举办一个论坛。在我们就这个想法是否可行展开讨论时，斯蒂格利茨建议我向他的朋友、哥伦比亚大学的布鲁斯·格林沃德（Bruce Greenwald）教授请教。格林沃德当时正在哥伦比亚商学院担任格雷厄姆与多德投资海布伦中心（Heilbrunn Center for Graham & Dodd

Investment）的主任。当我联系格林沃德教授时，他建议我们成立一个价值投资专家组，由全美各地的业界人士组成。他指出，在伯克希尔股东大会前后，哥伦比亚大学也将启动一项定期活动，将其全球的校友聚集在一起。

2009 年伯克希尔年会前的周五下午，在克瑞顿大学，我们正式成立了价值投资专家组。我们的顾问之一、奥马哈互助银行（Mutual of Omaha）前首席投资官约翰·马金（John Maginn）建议，这个专家组应以学生为中心：由克瑞顿大学的学生负责运营，为他们的同学以及参加股东大会的其他本地大学生服务。在首届 VIP 会议上，马金与巴菲特最初的商业顾问查尔斯·海德（Charles Heider）共同主持，克瑞顿海德商学院（Heider College of Business）就是以查尔斯家族的名字命名的。格林沃德教授作为专家组成员参与了讨论。我们原本希望能有 100 人参加，但幸运的是，参加人数超过了 250 人。以后，这个数字又翻了一番，我们的哈珀中心礼堂座无虚席，人满为患。

随着 VIP 的影响力日渐增大，学生们吸引了国际价值投资者作为专家组成员，比如保罗·阿拉德（Paul Allard），还增设了一个以价值投资为主题的签名售书活动，吸引了更多的专家参与，其中包括劳伦斯·A.坎宁安教授，他连续两年参与了我们的 VIP 项目。自创办以来，参与签名售书活动的作者几乎增加了一倍。参加我们聚会的作家还包括罗伯特·哈格斯特朗、卡伦·林德和劳拉·里滕豪斯，现在我们会在茶歇时提供葡萄酒和奶酪。

如今，这项活动已被列入伯克希尔年会日程，并由《奥马哈世界先驱报》负责报道。伯克希尔为投资组合实践班的学生们提供了免费门票。我们向伯克希尔提供了一份关于这次活动的传单，他们会把传单夹在年会门票里，发放给其他学生。我们接待过学校团体，也接待过单独的学生参与者。

有机会对外展示克瑞顿大学和海德商学院的风采，对我个人来说是一件激动人心的事。尽管《美国新闻》的排名是最具影响力的，但许多人还是对克瑞顿的金融课程排名如此之高感到惊讶：本科排名全美第 12 位，研究生排名全美第 14 位。有 500 名或更多的伯克希尔股东大会与会者参观了我们的校园，并与管理着 700 多万美元资产的学生见面——这是全美规模最大的 20 个同类项目之一，这大大提高了我们的知名度。在很大程度上，这是沃伦·巴菲特和伯克希尔"奥马哈神话"启发的结果，也是年会的一大红利。谁说伯克希尔从未派过红利？

☆　☆　☆

**约翰·温根德**（John R. Wingender）是克瑞顿大学海德商学院经济和金融系教授和系主任。

# "课堂"内外

## 帕特里克·布伦南

有史以来最伟大的价值投资者已经注意到，投资知识是逐渐积累的。因此，奥马哈5月周末的伯克希尔年会之旅能开阔眼界，也就不足为奇了。虽然著名的年会在周六清晨开始，但它只是众多价值投资活动当中的一项。从年会的问答环节中我学到了很多，在"课堂"之外，我同样受益匪浅。

对我来说，价值投资活动从周五下午的克瑞顿大学价值投资专家组开始就正式拉开帷幕了。自2009年以来，管理着这所大学部分捐赠基金的海德商学院投资组合实践班一直在主办这一活动，他们会邀请4～6名投资专业人士作为专家组成员，回答主持人、学生和普通观众提出的一系列问题。

我曾参加过 8 次克瑞顿专家组会议，每年的活动都在不断扩容，并不断引发精彩的思想碰撞。讨论的主题包括：如何选择合适的贴现率、如何进行贴现现金流分析、如何以最低价买到 Liberty Media 这家企业的股票以及如何评估公司的内在价值，等等。讨论的内容丰富庞杂，天南海北，包罗万象。

大家提出的问题包括：专家组成员如何使用（或忽略）课堂上学到的各种评估技术，如何寻找想法，以及他们如何在当前市场发现价值。学生们还会询问经理人过去的投资失误经历，以及他们从这些经历中学到了什么。其他人则寻求成为更好投资者的建议，以及什么样的职业选择能最大限度地增加一个人在价值投资领域工作的机会。

许多金融专业人士参加了这个活动，并追根究底地发问。但有些最好的问题来自学生，他们对价值投资的热情显而易见。我与多名与会者在会后依然保持联系，有些最开始的寒暄已发展成持久的联系。这个专家组讨论的内容是我做出全年投资决策的灵感所在。

近年来，在伯克希尔年会周末期间，旁听会议、午餐会和会后活动的场次持续增加，与此同时也带来了更多的机会，与会者可以与其他投资者见面，并向他们学习。在周六举办的午餐会上，著名的价值投资者鲍勃·罗博蒂（Bob Robotti）吸引了相当多的人。这是一个令人兴奋的论坛，讨论了伯克希尔股东大会前半部分的内容。

周日上午，价值投资课程继续进行，最有可能成为头条新闻的是马克尔早午餐。迄今为止，早午餐一直在希尔顿酒店举办，但如果人数按照最近的增长率继续扩大，马克尔可能就需要寻找一个更大的场所了。长期以来，马克尔一直被称为迷你版伯克希尔，它成功地模仿了伯克希尔的多种模式——保守的保险业经营、长期业绩导向的管理团队和价值投资框架。在过去的 30 年里，这些做法使这家保险和投资公司的每股账面价值实现了约 19% 的复合年增长。或许只有与伯克希尔年度股东大会相比，这样的公司聚会才能被视为"次要事件"。

采取类似于伯克希尔年会的安排模式，汤姆·盖纳和其他马克尔公司的高管会回答一系列问题，从有关马克尔公司业务线的特殊问题，到一些一般性问题——关于经济、保险市场、汤姆对精选投资的思考以及他作为一名价值投资者如何进化。另外，问答环节会涉及公司经营的历史和书籍推荐。从谈论再保险定价到评价米勒德·菲尔莫尔（Millard Fillmore）总统任期内的得失，有多少人能有如此充沛的精力？

汤姆对各种话题都掌控自如，在回答问题时还经常会来点即兴幽默，很难说哪一个更令人印象深刻。举个例子，有人担心从长期来看，再保险定价会出现疲软的态势，而作为对这个问题的回应，汤姆指出，投资者永远不应忘记有价值的保险公理："上帝讨厌定价错误的再保险。"马克尔公司的多位高管参加了早午餐，并同与会者分享了他们的见解，其中许多人已经坚持了很多年。

与伯克希尔的其他周末活动一样,最初旨在了解伯克希尔的马克尔公司的项目也有了自己的生命力。大多数价值投资者可能会发现,仅仅是为了参加马克尔公司举办的早午餐,就值得去奥马哈一趟。

我在奥马哈长大,但我的整个成年都在其他城市度过,每年回到奥马哈都是一次真正的返乡之旅。我父亲从事法律工作超过 50 年,但他始终热衷于投资。多年来,我父亲一直在哀叹,他最大的投资错误,是没有早些购买伯克希尔的股票。他一直强调,在一生的投资中,一个人只需要几个聪明的想法就能成功。毫无疑问,这是多年以来他从伯克希尔所有年会和文件当中有意无意汲取的经验。

直到 2016 年年初去世,我的父亲参加了历年的股东大会,这些记忆一直伴随着我。我怀疑类似的联系已渗透进了伯克希尔的方方面面。许多人会继续回来,不仅是为了终身学习,也是为了把前人分享的智慧传递给下一代。

☆　☆　☆

**帕特里克·布伦南**(Patrick T. Brennan),特许金融分析师(CFA),布伦南资产管理有限责任公司(Brennan Asset Management, LLC)的创始人和基金经理。

THE
WARREN BUFFETT
SHAREHOLDER

第 5 章

专　　家

# 投 资 于 人

✦

普雷姆·贾因

1987 年，当我还在宾夕法尼亚大学沃顿商学院担任财务报表分析课的助理教授时，一位资历较老的同事问我："沃伦·巴菲特为何如此成功？"我回答不上来。他说服我专门研究巴菲特以找出答案。从科学角度出发，这位同事建议"我们寻找特例来深入学习"。我的研究旅程就这样开始了。

在阅读了许多文章并与几位研究人员交谈后，我发现大多数学者都能举出巴菲特先生获得成功的例子，但没有人能解释他**为什么**会成功。当时普遍的答案是，他的巨大成功应归功于偶然的运气。我那时并不认为这是一个令人满意的答案，多年来这种解释已被证明是不充分的。

　　我认为巴菲特先生是个特例，因此决定深入挖掘。有两个原因促使我去寻找问题的答案。第一，高尚点说，是为了教我的学生如何成功。第二，自私点说，是为我自己。

　　我给伯克希尔－哈撒韦公司写了封信，要来了1979年以来巴菲特先生所有的年度信件，并装订成册。我还请巴菲特先生在封面上签名，他答应了我的请求，这让我喜出望外。每年的"致股东信"都很有用，但它们从来没有对巴菲特先生可以传授和复制的成功方法做出过令人满意的解释。从我自己的教学经验中，我知道听老师讲课是很重要的，因为老师的语调、用词和具体的例子会进一步告诉我们什么是重要的，什么是不重要的。我知道我必须亲眼去看看。

　　1992年，我有了一个突破。那一年，我决定参加一次伯克希尔的年会。

　　一到奥马哈，我的第一站就是内布拉斯加家具城。令我万分惊讶的是，这只不过是一个普通的家具城。我想，**这有什么大不了的**？我也去了波仙珠宝店，觉得它很拥挤。这些参观没有给我留下什么印象。我再一次认为，我不会得到我想要的答案。

　　接下来，我一整天都在听巴菲特和芒格两位先生讲话，我全神贯注，寻找他们强调的概念。在那个时代，许多股东都在寻求职业和家庭方面的建议。会议的大部分时间似乎都花在回答（在我看来）"不必要的"问题上。然而，我仍然保持耐心，因为若要从先知那里找到充满智慧的话语，就必须听许多听上去平凡的故事。

当学生不理解或找不到答案时，教授会给他们一些提示。巴菲特也有类似的做法，他从不直接回答。他从来没有确切地说过，在寻找一家伟大的公司时应该做什么，或者在处理家庭事务时应该做什么。当一名 MBA 学生向巴菲特先生寻求关于毕业后应从事何种工作的建议时，我得到了第一个重要的启示。巴菲特的建议是跟着自己的激情走，不用拘泥于某项具体的工作。

那天结束时，我有点明白为什么内布拉斯加家具城能够获得成功了。其原因不仅仅是公司的产品或制度，更重要的是 B 夫人对工作的激情。对我来说，巴菲特先生现在就是巴菲特教授。像巴菲特这样伟大的教授从不通过公式给出深奥的答案，他会让学生自己发现答案。从那以后，我注意到巴菲特先生经常谈到激情，我也开始明白激情的重要性。一个充满激情的人学得更快，这将带来成功和财富。

但是，我所探索的那个问题的答案远不止于此。我又回头看了巴菲特致股东的信，包括他对浮存金的解释，以及其他深奥的会计和金融术语。我翻遍了所有的年度报告，但还是没能找到答案。

我决定再次参加伯克希尔年会，花更多的时间与股东群体、内布拉斯加家具城和其他公司的员工交谈。正是在这些谈话中，我了解到，对于股息政策、股票分拆和所寻并购标的公司的类型等问题，伯克希尔都有独特的处理方式。在一些重要问题和基本问题上，伯克希尔的方式几乎总是与教科书上的传统学术模式不同。

有一年的年会，巴菲特先生热情洋溢地谈到了阿吉特·贾因（Ajit Jain）。因为我的姓也是贾因（我俩没有亲戚关系），所以这引起了我的好奇心。在印度，耆那教（Jains）是一个小型的社会和宗教团体。我了解阿吉特·贾因的背景，以及他在印度的教育经历，巴菲特先生则补充了剩下的部分。我猜，贾因是一位非常聪明的副手，一位通过保险业务创造财富的杰出人士，但这并没有告诉我如何理解巴菲特先生，以及贾因对他的崇拜之情。

后来，我有了一个不可思议的发现。我有一位朋友，是个精神病医生，擅长冥想，热衷佛教。他说，巴菲特先生似乎不像其他市场参与者那样，为市场情绪所困扰。他认为，巴菲特就像一个虔诚、平和的佛教徒。我开始更好地理解巴菲特。（这是一个有用的发现，它激励我在以后的岁月里，深入研究正念冥想。）

在年度股东大会上，巴菲特和芒格先生继续详尽地谈论伯克希尔的管理层和员工。作为一名会计和金融学教授，我不明白他们为什么要谈论这么多关于人事的话题。在我看来，重点应该放在过去和未来的财务指标和分析上。在试图全面了解巴菲特先生为何如此成功的探索中，我仍然感到十分沮丧。

有一年，巴菲特先生对卢・辛普森（Lou Simpson）大加赞赏。辛普森是一位传奇投资者，管理着政府雇员保险公司的投资组合。那次讨论让我想起了巴菲特的那篇著名文章《格雷厄姆与多德部落的超级投资者》（Superinvestors of Graham-and-Doddsville）。但作为一名持怀疑态度的研究人员，我注意到，巴菲特先生在那篇文章中给出的例子——9名非常成功的基金经理，都是精挑细选出来的。对于那些尝试过同样的方法但失败了或仅仅达到平均水平的人，没有被提及。在研究中，这通常被称作"幸存者偏差"。

也许我的同事们是对的，巴菲特只是幸运地做出了一些决定，就像一个人能正确地预测几次抛硬币的结果一样。但是，我还不想放弃，我不断地回到年会中寻找答案，有时还会带着我的学生。

年复一年，巴菲特和芒格先生始终在谈论他们欣赏的伯克希尔－哈撒韦的经理人。他们经常热情地谈论他们的经理人，两人对于这些经理人的判断总是一致的，但无论是对收购前景还是对国家经济事务，两人常常意见不一。他们很少（如果有的话）预测未来现金流，尽管在教授们看来，未来现金流是估值的基石。

多年后，我突然意识到，我一直在寻找的更深层的答案，就在我眼前。当巴菲特和芒格先生谈到阿吉特·贾因、卢·辛普森以及伯克希尔其他数十位精明能干、值得信赖、充满激情的经理人时，答案就已经浮出水面了。这就是巴菲特先生的成功之道：他拥有知人善任的能力。

我得出结论，当巴菲特先生投资时，他投资的是优秀的经理人，而不是把公司与管理层分开考虑。他将资本分配给合适的人，而不仅仅是公司。产品、运营和财务指标都很重要，但与人相比，这些只是次要的。然而，在评估一家公司的价值时，我们教授最关注的却是那些次要的事情。

当巴菲特投资一家涂料公司、一家家具店或一家墙砖制造商的时候，或者当我在年会期间参观不同公司展位的时候，我总会问，这些公司有什么共同之处？最重要的共同之处就是，它们都拥有优秀的管理者。

弄明白这一点后，我做了两件事。首先，我为学生们完善了关于巴菲特式投资的笔记；其次，我写了一本书，强调优秀经理人的重要性。

我还意识到，我不可能成为巴菲特那样优秀的投资者，也不可能成为巴菲特那样优秀的老师。在此之前，我在伯克希尔的投资只是我的总投资的一半，其余资金都用于寻找优秀的公司了。当我找到答案后，我把几乎所有的资金都投给了伯克希尔，从此高枕无忧，夜夜安眠。

我很高兴巴菲特先生教会了我寻找杰出人士的经验，我发现巴菲特先生既是一位富豪，也是一位教授。参加年会就是打开财富之门的那把钥匙。

☆　　☆　　☆

**普雷姆·贾因**（Prem C. Jain）是华盛顿乔治城大学 Elsa Carlson McDonough 商学院会计和金融系主任，也是《巴菲特超越价值》（*Buffett Beyond Value*）的作者。

# 一个更好的教学大纲

托马斯·约翰森

1995 年秋季，我开始了自己第 7 年的投资教学生涯。我讲课时以教科书作为标准材料，但我觉得在课本之外应该还有些什么。

一天晚上，当我在电视广告时段切换频道时，无意中发现了美国公共广播公司（PBS）关于投资的讨论，这引起了我的注意。我看到一个睿智的人在北卡罗来纳大学和一群学生侃侃而谈。这个人就是沃伦·巴菲特。

巴菲特是如此富有魅力，我立即把他的影像资料录入了自己的 VCR。我发现，巴菲特先生不仅聪明，而且务实、简单。

他的投资哲学与我教授的有所不同。当他继续说下去时，我发现自己在想："是的，这个有道理。是的，这就是我一直苦苦寻觅的。我必须把这个教给我的学生。"

我被深深地吸引住了，我需要了解更多。我开始阅读有关巴菲特先生的资料。发现他来自内布拉斯加是一个意外之喜，因为我是在内布拉斯加长大的，我的家乡就在奥马哈以北 100 英里。当他谈到在奥马哈召开的年会时，我知道我必须去一趟。

伯克希尔的年度股东大会在 5 月的第一个周末举行。我不是股东，但我认为这是一个很好的机会，可以亲耳聆听巴菲特先生的教诲。我给巴菲特先生写了封信，他慷慨地寄给我一张 1996 年 5 月在奥马哈举行的年会的门票。当时的年会安排在星期一，不像现在安排在星期六。

年会在第 72 街区的假日酒店会议中心举行，就在 I-80 公路旁边。我到得很早，排了大约两个小时的队。我遇到了一对来自明尼阿波利斯的夫妇，他们也是第一次参会。我们谈论了巴菲特先生、投资和其他话题。我们建立的友谊一直延续到今天。门开了，我们跑进去找座位。大约有 5000 名与会者，我认为这已经是一个天文数字了。那时的我几乎不知道事情会发生什么变化。

从上午 9:30 到下午 3:30，中间有一个小时的午休时间，沃伦·巴菲特和查理·芒格回答了现场的提问。听巴菲特和芒格先生用近 6 个小时的时间讨论投资、经济、政治和最喜欢的读物等话题，是一种绝佳的学习体验。当天的主要话题是 B 股的发行。多年来，投资者一直要求伯克希尔董事会分拆股票。当时，这只股票的售价约为 3.3 万美元 / 股，是纽约证券交易所最贵的股票。

争论相当激烈，但发行最终获得了批准，B 股将在市场上流通。从基本的投资属性来说，B 股和 A 股并无二致，两种股票的主要差异有三点：① B 股的价值是 A 股的 1/30 ；② B 股享有的投票权是 A 股的 1/200 ；③每股 A 股股票可以转换成 30 股 B 股股票，但是 B 股股票不能再转换成 A 股股票。B 股最初的发行价为每股 1100 美元，1996 年 5 月 8 日开始上市流通。

5 月 8 日股市开盘时，我正坐在我的经纪人的办公室里，以发行价买入了我的首笔股票。我记得媒体曾推测，伯克希尔的股票被高估了，因为巴菲特先生曾表示，他不会以目前的价格买进。不过话说回来，巴菲特先生总是以有"安全边际"的价格买入。"安全边际"的概念是他在哥伦比亚大学读书期间，从老师本杰明·格雷厄姆那里学到的。

格雷厄姆教授在《聪明的投资者》一书中解释说，投资要留有安全边际——实际市场价格与内在价值之间的价差，这样可以降低投资风险。内在价值是企业每股实际价值的理论估计值。除非企业的市场价格明显低于其内在价值，否则巴菲特先生不会做任何投资。因此，在我看来，巴菲特先生并不认为伯克希尔估值过高，只是价格没有低到足以让他在那个时候买进罢了。

从那时起，我成了伯克希尔的股东，正如巴菲特所说，我是公司的合伙人了。我已经迫不及待地想参加下一届年会了！

1996 年，我没有参加年会安排的所有活动，但 1997 年有所不同。年会不仅仅是一场商业会议，更是一件大事，包括周一的股东大会，还有周末的几场活动，比如周日在波仙珠宝店、戈瑞牛排馆为股东举行的活动，以及周日晚上在罗森布拉特体育馆（Rosenblatt Stadium）举行的伯克希尔之夜。该体育馆是堪萨斯城皇家队（Kansas City Royals）旗下的 AAA 级球队——奥马哈皇家队的主场。

在棒球比赛中，巴菲特先生投出了第一个球，然后为现场的观众签名。1997 年，我和妻子一起参加了年会和其他活动。戈瑞就像广告上说的那样，是一家内布拉斯加传统的老牌牛排店，里面有美味的牛排。当然，我会点"沃伦最喜欢的"T 骨牛排和土豆煎饼。在波仙珠宝店的一次招待会上，我很高兴地拿到了巴菲特和芒格先生在我那本《聪明的投资者》上的亲笔签名。

星期一早上 5 点，我们在年会会场门口排队。我们不是第一个，也不是很靠后。门开了，我们"快步走"到第 4 排座位。会议开始前，播放了一段介绍伯克希尔的视频，专业、有趣。

上午 9:30，会议开始了。没有什么重大事项，实际的业务介绍环节持续了大约 10 分钟，然后，提问环节开始了。巴菲特先生擅长阐述任何话题，就像他写年度致股东的信一样。芒格先生讲话很简洁，惜字如金。芒格先生经常会简单地说："我没有什么要补充的。"但是，当他确实有话要说的时候，他所说的一定是意味深长、发人深省的。

在 1998 年的年会周末，我第一次见到了劳伦斯·A.坎宁安。当时，他正在宣传自己的新书《巴菲特致股东的信》。这本书是巴菲特历年写给股东的信件的汇编，按主题而不是按年份排列。这正是我想在我的投资课上使用的书。我立刻买了一本，并且从那时起就一直用它。

一开始，我的学生们会犹豫要不要在课堂外再多读一本书，但后来他们喜欢上了这本书，很多人后来成了伯克希尔的股东，并参加了股东大会。在之后多次年度股东大会以及 CNBC 的采访中，巴菲特先生都表示，这本书是描述他投资哲学的最佳书籍。

我第一次带家人参加年会是在 1998 年。我的妻子和两个女儿（当时分别是 12 岁和 7 岁）在展览大厅里收集"免费赠品"的时候玩得最开心。她们在年会现场度过了一个上午，然后到波仙珠宝店、内布拉斯加家具城和奥马哈的其他商店购物去了。我一直待到最后，学得越来越多。我们的两个女儿后来都为自己的投资组合购买了伯克希尔的股票。

1999 年年会期间，巴菲特先生和一位股东进行了一场最令人难忘的交流。这位股东对巴菲特先生"错过了科技股热潮"感到不快，他对巴菲特先生的提问显得既愤怒又固执。巴菲特先生反应镇定，回答平静，表示他只是不了解科技公司。

大多数听众都同意这一观点，也明白巴菲特先生的意思。由于没有历史经验，他看不到科技公司的未来。2000 年 3 月，科技股开始崩盘，当时处于低位的伯克希尔股票开始上涨。我不知道这位股东第二年是否会来，为躲过了科技股崩盘而道歉并感谢巴菲特。

2001 年年会周末，我的家庭迎来了一个高光时刻。在波仙珠宝店的一个招待会上，我们 10 岁的小女儿得到了巴菲特先生的亲笔签名。当然，像所有自豪的父母一样，我拍了一张照片。我并不是唯一一个这样做的人，第二天，我惊奇地看到女儿和巴菲特的照片出现在《奥马哈世界先驱报》的头版上。我们联系了摄影师，他给了我女儿一张 8 英寸 × 10 英寸的彩色照片。第二年，我女儿把照片带到了年会现场，并得到了巴菲特先生在照片上的亲笔签名。日本《日经新闻》（*Nikkei*）的一名记者拍下了她让巴菲特先生签名的瞬间，照片被刊登在《日经新闻》上。11 岁时，小女儿就觉得自己很有名了。

在投资方面，伯克希尔的股东有着共同的目标和愿景，所以每年大家都很容易交到新朋友。在一次伯克希尔股东大会上，我与一位名叫彼得·考夫曼的人攀谈了起来。我得知彼得来自加利福尼亚，他和芒格一家乘坐利捷飞机前来。他正在整理一本关于芒格先生演讲的汇编，这本名为《穷查理宝典》的书在2005年面世。在后来的几次年会上，我又遇到了彼得，并期待着每年都能见到他。

在过去的22年里，我有幸参加了17次伯克希尔股东大会。每个与会者都有机会学习巴菲特的第一手投资哲学及其政治思想、经济原则、他在招聘员工时看重的品质（正直、智慧、勤奋），还有许多其他的人生经历。通过参加年会，我获得了知识，建立了职业联系和个人友谊，这些都是无价的。我很庆幸自己偶然在公共广播公司（PBS）的节目上看到了巴菲特在北卡罗来纳大学的演讲，在过去的几十年里，我一直都是这样对我的数百名学生说的。

☆　　☆　　☆

**托马斯·约翰森**（Thomas Johansen）是堪萨斯州海斯堡州立大学经济、金融和会计系教授。

# 带上学生去"朝圣"

大卫·卡斯

自 2006 年以来，我参加了伯克希尔的每一次年会。从第三次开始，我在马里兰大学（我在那任金融学教授）的一位同事和十名金融专业本科生就一直陪我一起参加。伯克希尔的年会周末，是教育和娱乐的完美结合。

我们总是喜欢看周六上午年会开场前的幽默电影，沃伦·巴菲特和查理·芒格会与电影明星、体育明星一同出现在电影里。例如，在 2007 年的年会上，电影播放了巴菲特在纽约麦迪逊广场花园球场与勒布朗·詹姆斯打篮球的画面。娱乐体育节目电视网（ESPN）正在"播报"这一事件，并展示了"比分"——勒布朗"场均 27.6 分"，沃伦"比标准普尔 500 指数平均高出 11 分"。巴菲特赢了，因为他所有的投篮都进了（这得益于一块分屏，屏幕显示他的球被投出，然后球在第二个屏幕进入篮筐）。

2010 年的电影也使用了分屏。这次巴菲特是波士顿红袜队的一员，并在第九局让纽约洋基队的亚历克斯·罗德里格斯（Alex Rodriguez）三振出局，为红袜队赢得了一场季后赛。巴菲特投出的前三个球（没有分屏）在本垒板前弹回，最后三个球（有分屏）以 98 英里 / 小时的高速越过本垒板。

有一年，在从华盛顿飞往奥马哈的航班上，我坐在时任《华盛顿邮报》公司董事长兼 CEO 唐·格雷厄姆（Don Graham）旁边。我们愉快地交谈了大约两个小时。唐随后接受了我的邀请，在马里兰大学罗伯特·史密斯商学院发表演讲。

在 2017 年的年会上，我有机会与精密铸件公司（Precision Castparts，PCC）的 CEO 马克·多尼根（Mark Donegan）交谈，这家公司于 2016 年 1 月被伯克希尔收购。我告诉他，我和我的两位同事写了一篇关于伯克希尔收购 PCC 的财务案例。马克的名字出现在通篇案例的显著位置，我随后给他发了一份。

在 2012 年的年会上，《纽约时报》的安德鲁·罗斯·索金（Andrew Ross Sorkin）和 CNBC 电视台的记者选中了我的问题。他提到了我的名字，并阅读了我在电子邮件中提出的问题："伯克希尔最大的投资之一是在沃尔玛。你是否因为墨西哥贿赂丑闻而改变了对这家公司的看法？"巴菲特回答道："这可能会导致巨额罚款，而且会极大地分散管理精力。然而，沃尔玛5年后的盈利能力不会受到实质性影响。沃尔玛根本没有任何不诚实的地方。"

我们通常会在年会的前一天，也就是周五飞到奥马哈，然后在年会的第二天，也就是周日飞回来。每年的周五和周六，我都会租一辆能坐12人的面包车，载着学生们在奥马哈附近兜风。每到周五和周六晚上，我们都会带学生们去当地著名的牛排馆——戈瑞或皮科洛（Piccolo's，现已关闭），这是巴菲特最喜欢的牛排馆。

2013年，在戈瑞牛排馆举行的周五晚宴上，我们的邻桌包括安德鲁·罗斯·索金、投资者马里奥·加贝里（Mario Gabelli）和道格·卡斯（Doug Kass）。所有人都与我的学生们亲切地交谈，探讨投资理念和工作机会，并与学生们合影留念。我的学生们不仅与巴菲特和芒格有过接触，还与伯克希尔董事比尔·盖茨等人有过接触，与伯克希尔部分被投资企业的高管也有过接触，包括可口可乐历任CEO穆泰康（Muhtar Kent）和詹鲲杰（James Quincey）。

在一些招待会上，我的学生们也有机会与投资者以及来自其他大学的学生见面。星期五下午晚些时候，"伯克希尔黄"在市中心的希尔顿逸林酒店举行了其年度招待会。"伯克希尔黄"

是一群每年都参加股东大会的老股东，他们确实戴着有趣的黄帽子。（据报道，这个群体的名字是巴菲特的女儿取的，为了向她最喜欢的电影《绿野仙踪》致敬。）

让学生们与其他大学生和来自各行各业的伯克希尔长期投资者交流，是一个机会。周六下午年会一结束，惠特尼·蒂尔森就在奥马哈希尔顿酒店举办了他的年度聚会，学生们在这里受到了热烈欢迎。

我的许多学生都对我说，参加伯克希尔年会的经历是他们在马里兰大学最精彩的时光。通过倾听股东们提出的问题以及巴菲特和芒格的回答，他们对金融的了解程度大大加深。有人说，出席年会激发了他们对金融的兴趣和热情。2017年，我的一名学生说，年会"鼓舞人心、激励人心"。作为一名教授，带着学生去奥马哈是我能做的最好的事情。

☆　☆　☆

**大卫·卡斯**（David Kass）是马里兰大学罗伯特·史密斯商学院金融系教授。

THE WARREN BUFFETT
SHAREHOLDER

# 伯克希尔，你值得拥有

## 劳伦斯·A. 坎宁安

对我来说，1996 年 10 月在纽约的一个周末是一切美好故事的缘起。当时我是耶什华大学卡多佐法学院一名年轻的非终身教授，邀请沃伦·巴菲特参加一个研讨会，主题是重新整理他致股东信的内容。当时，无论是在会计、收购、金融还是在公司治理方面，他的投资哲学都与传统的学术观点相左。

在巴菲特的建议下，我很快就出版了《巴菲特致股东的信：投资者和公司高管教程》。我的目的是通过这些信影响世人的投资思想。尽管这本书在课堂上的强大影响力本身就是一种奖励，但我没想到它竟然会成为一本风靡全球的畅销书，并把我与一个由优秀人士组成的世界联系起来，能与他们为伍是我的荣幸。

那个秋天的周末，研讨会与会者的才干和正直，加上他们对知识的热情，使那次研讨会成为我一生中绝无仅有的经历。巴菲特和芒格花了 2 天时间，和这个充满智慧的群体讨论了 12 个小时，其中包括我的许多学生和教授同行。沃伦的妻子苏珊、儿子霍华德和他们的朋友——沃伦年度致股东信的编辑卡萝尔·卢米斯出席了研讨会。

出席这次研讨会的还有一些我们共同的朋友，包括耶什华大学信托董事会主席桑迪·戈特斯曼（Sandy Gottesman）和他的妻子露丝。戈特斯曼后来也成为伯克希尔的一名董事，露丝则是耶什华大学爱因斯坦医学院的一名教授；沃伦的私人律师、已故的乔治·吉莱斯皮（George Gillespie），他是我在克拉瓦斯 - 斯温 & 摩尔（Cravath, Swaine & Moore）⊖担任公司律师时的同事；还有鲍勃·德纳姆（Bob Denham），他是芒格 - 托尔斯 & 奥尔森律师事务所（Munger, Tolles & Olson）的合伙人，他的好朋友是我的院长门罗·普莱斯（Monroe Price），是普莱斯介绍我们认识的。

在巴菲特的邀请下，从 1998 年起，在波仙珠宝店举行的为期一天的展会上，我开始售卖折叠桌上的《巴菲特致股东的信》。在参加 1998 年年会的 7500 名股东中，大多数人都参加了那次展会。我们每年的书都售罄了——第一年卖出了 1000 本，之后几年卖出了更多。我非常感谢巴菲特的邀请，感谢当

---

⊖ 美国顶级律师事务所。——译者注

时波仙珠宝 CEO 苏珊·雅克（Susan Jacques）的后勤支持，也感谢我的侄子和学生们，他们帮助我以疯狂的速度打包和销售书籍。那时候，我见过诸多杰出人士，其中有汤姆·约翰森（Tom Johansen）教授，他是本书的撰稿人之一。现在，多亏了"书虫"的菲尔·布莱克和贝丝·布莱克以及哈德逊书店的吉姆·罗斯，我可以不慌不忙地在书上签名，自己不需要做任何后勤安排，还可以与我的读者以及罗伯特·哈格斯特朗、罗杰·洛温斯坦等作家同行见面。

自从早期出售《巴菲特致股东的信》以来，我一直觉得自己是伯克希尔股东大会的一分子，并与股东群体联系在一起。我最喜欢的有关伯克希尔股东大会的故事之一，是乔尔·格林布拉特（Joel Greenblatt）和约翰·佩特里（John Petry）在本书中讲述的。请务必阅读下一章的开篇文章，这篇文章反映了他们卓越的营销能力。他们决定购买 5000 本《巴菲特致股东的信》，并在 2000 年的股东大会上免费分发给伯克希尔的股东，以推动价值投资者俱乐部（Value Investors Club）的成立。还有一件事要补充：我开着 U-Haul 的货车，从附近地区的印刷商那里进货，然后作为他们的配送站，把书运到奥马哈。

我喜欢在类似克瑞顿大学这样的公共场合进行辩论和演讲，在那里我遇到了维塔利·凯茨尼尔森和帕特里克·布伦南。在内布拉斯加大学，我与杰夫·马修斯和卡伦·林德同台演讲。感谢鲍勃·迈尔斯，我第一次见到他是在 20 年前他组织的一次签售会上。奥马哈的活动包括许多私人聚会，比如伯克希尔大股东富达基金（Fidelity）的一大批分析师的聚会，再比如寻求向伯克希尔模式学习的私人公司董事会或所有者的小规模聚会。

从 2009 年开始，我的妻子斯蒂芬妮就一直和我一起参加伯克希尔股东大会。斯蒂芬妮是一名房地产律师、投资者和开发商，她喜欢整个周末的商业分析，还喜欢关于阅读和创意的庆祝活动，以及参加令人愉悦的社交活动。她同意我的观点——一切都取决于人。我认为伯克希尔股东大会最精彩的部分是公司——属于股东们的公司。

我妻子打趣说，在奥马哈，阳光普照在每个人身上——我们的周末充满了因缘际会，既有即时的快乐，也有长远的价值。

我们参加年会的第一年，在波仙珠宝店停车后，一个男人走过来问我们关于早午餐的事。他拿着《巴菲特致股东的信》，斯蒂芬妮立刻问他是否喜欢这本书。

"我已经读了 3 遍了，这是我读过的最棒的书。"

我微笑着伸出手说："我是劳伦斯·A. 坎宁安。很高兴见到你。"

"你是劳伦斯·A. 坎宁安？"他使劲地握着我的手，"我能说的就是谢谢你。谢谢你的这本书。谢谢你！"紧接着，我们在停车场花了 20 分钟谈论年会，以及听他介绍从印度远渡重洋的经历。

还有一年，我们急着回家，但航班取消了。周日晚上返回纽约的飞机只剩最后一排的座位了。我们很不开心，但还是向邻座的旅客做了自我介绍，结果整个飞行过程我们都在全神贯注地与伦敦京士威资本（Kingsway Capital）的亚瑟·安瓦尔（Yaser Anwar）交谈。那年晚些时候，我收到了伦敦股票基金 AKO Capital 的投资者发来的一封电子邮件，他们希望我帮助他们完成一项阐述投资理念的写作计划。他们请我的原因之一，是那次谈话中聊到的一份报告。后来，我们合作的精彩成果就是《高质量投资：长期拥有最好的公司》（*Quality Investing: Owning the Best Companies for the Long Term*）一书。

在一次年会上，那时我即将写完《超越巴菲特的伯克希尔》，我询问巴菲特应该由谁来写序言。他毫不犹豫地回答："汤姆·墨菲。"碰巧汤姆就在附近，所以我问他是否可以给这本书写序。汤姆说，他很荣幸接受邀请，稍后我们在纽约讨论了细节。我在那本书里所做的研究很大程度上得益于历次年会。每次年会，我都能很容易地获得采访伯克希尔经理人和股东的机会。

说到股东，去年夏天我接到汤姆·盖纳的电话。"我得谢谢你，劳伦斯，"他说，"我们刚刚公开宣布收购科斯塔农场苗圃管理公司（Costa Farms Nursery Management），这家公司是全球最大的观赏植物制造商。"

"恭喜你，汤姆。"我说，心里却在疑惑他为什么打来电话。

　　汤姆解释说，科斯塔之所以视马克尔为潜在买家，是因为我的书《超越巴菲特的伯克希尔》中有一段话，描述了马克尔对永久资本和企业自治的承诺，这几乎是伯克希尔的翻版。谁会想到我的书会让两家公司"联姻"呢？

　　2017 年，我参加了 5000 米赛跑，这项活动是几年前增加的，由伯克希尔旗下的跑鞋子公司布鲁斯提供赞助。在发令枪响之前，我冲出希尔顿酒店的大厅，与交往了 25 年的朋友约翰·博格（Jack Bogle）碰面，这是他第一次到小城来参加年会，他祝我一路顺风。不到半个小时，我就跨过了终点线，与汤姆·盖纳和布鲁克斯 CEO 吉姆·韦伯（Jim Weber）只有数秒之差。

　　在奥马哈度过的那些周末，阳光普照了我们所有人，这要感谢伯克希尔，属于全体股东的伯克希尔。

☆　☆　☆

　　**劳伦斯·A. 坎宁安**（Lawrence A. Cunningham）是乔治·华盛顿大学教授、乔治·华盛顿大学纽约分校创始教员主任、星座软件公司（Constellation Software Inc.）董事。劳伦斯写过很多书，其中包括《超越巴菲特的伯克希尔》（*Berkshire Beyond Buffett*）。

第 6 章

# 先　　锋

# 价值投资者俱乐部

## 乔尔·格林布拉特 & 约翰·佩特里

20 世纪末的最后三年，科技股"狂欢"导致资本市场泛起了巨大泡沫。截至 1999 年 12 月 31 日，纳斯达克指数（NASDAQ）上涨了两倍。价值投资及其"过时"的实践者招来了人们的嘲笑。当你不用做估值方面的考量，就能在短时间内通过股票把钱翻一番时，为什么还要为自由现金流收益率、重置成本、私人市场价值或投资资本回报率等"稀奇古怪"的概念操心呢？就连查理·芒格和沃伦·巴菲特也因没有参与对科技股的投资而备受指责，1999 年 12 月 13 日《福布斯》杂志上一篇题为《巴菲特：你怎么了？》（Buffett: What Went Wrong ？）的文章，正好反映了当时流行的市场情绪和大众观点。

面对这样的敌对情绪，几周后，我们决定成立一家新型投资俱乐部：价值投资者俱乐部（Value Investors Club，VIC），这是第一家名副其实的高品质投资分析网站。当时，在各种各样的在线留言板上，投资者发表了各种各样的胡言乱语，从肆意"灌水"到人身攻击，再到明目张胆的广告促销。我们对经营网站有不同的想法。最初的申请人数上限为250人，只有经过了严格的申请程序、擅长研究、表达清晰、具有高度成熟投资理念的最佳成员才会被录取。

我们是在阅读了雅虎留言板上的一篇帖子后想到这个主意的，这篇帖子对我们重仓持有的一家互助银行控股公司的复杂结构进行了极具启迪性的剖析，其观点是华尔街分析师完全想不到。我们发现，在互联网上有很多睿智的投资思想，其背后实际上是一群"聪明的人"，只不过，这些思想被一大堆无用的杂音淹没了。

接下来是我们的目标市场定位。我们意识到，我们可以在同一时间、同一地点找到15 000名具有同理心的投资者，这个地方就是伯克希尔-哈撒韦公司的年度股东大会。这群扎扎实实做基本面研究的投资者，正是我们所希望接触到的听众。他们会认真阅读上市公司年度报告、年度报表（10Ks）和委托书。即使世界上其他人都不再关心自由现金流收益率、估值和经济回报，这15 000人对此也不会漠视。

价值投资者天生具有怀疑精神，所以虽然知道他们的位置是比较容易的，但要吸引他们的注意力却是较为艰难的挑战。幸运的是，劳伦斯·A.坎宁安的新版《巴菲特致股东的信》即将出版。我们知道几乎每一位价值投资者都读过第1版，所以我们有理由相信，每个人都会喜欢封面上印有我们俱乐部标识的免费更新版本。我们用一辆 U-Haul 的货车装了 5000 本书，停在市政中心的正前方，准备免费派发这价值近 10 万美元的书。查理·芒格坐在离我们只有几百英尺<sup>⊖</sup>远的地方，他很想观察我们的实验。后来的事实证明，我们是完全正确的，也是完全错误的。

起初，伯克希尔投资者天生的怀疑态度让我们几乎发不出去书。没有人来拿这本书，我们被忽视了。但随着时间的推移，消息传开了，我们在免费派发图书这件事上大获成功，这完全颠覆了我们之前的想象。一开始，我们像是在纽约的街边分发传单，后来像是在最热的夏天给孩子们赠送免费的冰激凌。

5000 本书最终流向了最执着的价值投资者，在这种情况下，回报几乎是立竿见影的，而且还会持续很多年。回到纽约后，我们看到了伯克希尔股东群体的力量——价值投资俱乐部开始腾飞，为芒格的 Lollapalooza 效应<sup>⊜</sup>提供了最新的注脚。我们把标准和门槛定得很高：我们要求会员每年发表两个观

---

⊖　1 英尺 = 0.3048 米。

⊜　即"好上加好"效应。——译者注

点。但是由于高水平的观点实属难得，我们同时限制他们每年不得发表超过 6 个观点。

我们还增加了一种自我调节机制，让会员就彼此对网站的贡献进行评级。这就形成了一个良性循环——会员们"付出和得到的一样多"。精彩绝伦的想法和深思熟虑的评论使大家有了更多的认同感。我们相信，网站对早期会员有积极的影响，因为许多人后来都获得了令人难以置信的成功。在一个竞争异常激烈的行业里，成功的人寥寥无几。然而，VIC 早期会员的这一比例相当惊人，很多人都从管理很少的资本发展到管理数十亿美元规模的资本。

在接下来的 15 年里，价值投资者俱乐部继续发展壮大。今天，我们的会员已经为这个网站贡献了近 10 000 个观点和超过 100 000 条评论。入会仍然是要经过严格筛选的，只有 1/ 20 的入会申请会被通过。在价值投资者俱乐部，相聚于伯克希尔年度股东大会的投资者创建了一个在线网点，每天 24 小时开会，贡献并分享投资研究方面的知识。

有趣的是，当我们创立价值投资者俱乐部时，巴菲特和芒格已经变得"过时"了。专业机构的投资使纳斯达克指数翻了一番，并妄想把价值投资理念扔进历史的垃圾堆。

投资者要警惕即将到来的最新趋势——无论是科技股还是

加密货币。投资者可以考虑将资金投入到枯燥但伟大的价值投资新点子上来，这在价值投资者俱乐部中随处可见。

☆　　☆　　☆

**乔尔·格林布拉特**（Joel Greenblatt）是纽约市哥谭资本（Gotham Capital）的创始人、总裁、联席首席投资官，也是泽纳投资管理公司（Pzena Investment Management，Inc.）的董事。乔尔写过几本书，包括《股市稳赚》（*The Little Book that Beats the Market*）。

**约翰·佩特里**（John Petry）是塞萨资本（Sessa Capital LLP）的创始人和管理成员，也是成功学院特许网络（Success Academy Charter Network）的董事会成员。

THE WARREN BUFFETT
SHAREHOLDER

# 巴菲特投资哲学

## 基思·阿什沃思－洛德

时间回到 1997 年。我很清楚地记得，在为英国各路股票经纪商以及银行做了 15 年的投资研究之后，我意识到自己并没有学到很多。我懂交易，但不懂投资。20 世纪 90 年代中期，我开始管理一个规模相当大的投资组合，我暗暗下定决心，要成为一名专业人士。

在探索投资真谛的旅途中，我读的投资类书籍之多超乎你的想象。虽然大部分时候都是在浪费时间，但偶尔我也会发现一两颗宝石。本杰明·格雷厄姆的《证券分析》以及他的门徒们写的那些投资思想，都是其中的瑰宝。1984 年，格雷厄姆的门徒之一沃伦·巴菲特在哥伦比亚大学商学院发表的一篇文章中，称这些门徒为"格雷厄姆与多德部落的超级投资者"。正是在哥伦比亚大学，格雷厄姆教会了巴菲特先生如何投资。

这些投资者持有截然不同的投资组合，业绩经常跑赢标准普尔 500 指数。事实上，唯一的共同点似乎是，格雷厄姆教授是他们投资罗盘上的指路明灯。在旅途中，我还遇到了查理·芒格和菲利普·费雪等人，并踏上了我所谓的"商业视角投资"之路。

就在那时，命运让我遇到了另一个寻找稳健投资方法的人——杰里米·尤顿（Jeremy Utton），他是英国投资研究订阅刊物《分析师》（*Analyst*）的创始人。由于我们都专注于巴菲特和芒格的教导，于是开始以皈依者的热情一起学习。在接下来的 10 年里，我们共同参与了《分析师》和其他项目，《分析师》逐渐成为"英国的沃伦·巴菲特"。

1998 年，我和杰里米第一次参加了伯克希尔 - 哈撒韦的年会，我们有幸在巴菲特和芒格的家乡与他们见面。在美国，我们还与一群信奉巴菲特投资哲学的同好建立了友谊，因为他们都是巴菲特的忠实信徒。在接下来的 20 年里，围绕着伯克希尔年会周末这一主题，我们从他们身上学到了不少东西。

在 1998 年年会召开前的几周里，我和杰里米一直在努力争取与巴菲特和芒格面谈的机会。他们言出必行，巴菲特的助手戴比·博萨内克（Debbie Bosanek）高效地组织了一次会谈。在周日的新闻发布会后，我们有机会在波仙珠宝 CEO 苏珊·雅克的办公室里举行了一次面对面的会谈。让人感到困惑的是，在那个年代，投资分析师和基金经理通常不会得到巴菲特和芒格的单独接见。我想到的唯一解释是，我们一定是被视为记者，而不是分析师了。

我们首先解释道，在试图将伯克希尔的核心原则"商业视角投资"（business perspective investing）应用于英国的投资实践方面，《分析师》杂志是独一无二的。将企业的基本面质量与其市场估值区分开来的投资理念，赢得了两人的赞许。在整个讨论过程中，我们四人一直在重温这种方法的基本原则，比如净资产收益率（ROE）的重要性、盈利的可预测性以及保持企业持久特许经营权的必要性。巴菲特说："通过投资净资产收益率低的公司来致富，是极其困难的。"

芒格强调了平均收益率和边际净资产收益率的重要性。平均收益率是历史资本存量收益率的记分卡，而边际净资产收益率衡量的是最新一笔资本的增量收益率，也就是 $\Delta$ 收益 $\div \Delta$ 权益。芒格告诫我，要像老鹰一样盯着它，因为它的下降要先于平均收益率的下降。这是发现潜在问题的好办法。多年来，这座智慧的金矿让我受益匪浅。

巴菲特和芒格解释说，值得关注的关键外部因素是利率水平，而不是股市当前的水平。他们表示，关键的内部因素是管理质量，要寻求那些拥有"诚实、正直、智慧、经验和奉献精神"的人。很明显，巴菲特和芒格进行了筛选，尤其是在自己的"能力圈"范围内。

这些经验帮助我和杰里米避开了科技股泡沫。这是很难做到的，因为《分析师》杂志的订阅者（即我们的主要客户以及收入来源）正追赶潮流并抛弃我们。但是我们无法想象，10年后那些科技公司会是什么样子。我们不断回想起巴菲特将此类投资比作太空计划的妙语："我们为这一努力鼓掌，但宁愿跳过而不是参与其中。"我们提醒自己，巴菲特承认，他最初对伯克希尔的投资是一个错误，因为该公司的纺织业务没有可持续的竞争优势。我们接受芒格关于自我批评的观点："要了解自己的弱点，多做事后分析报告。"

在1998年那次决定命运的年会上，芒格说过的一番话让人难以忘怀。当时，我们四个人都在为资产价值膨胀以及难以找到价格诱人的投资而哀叹。芒格说道："如果我们认为潜在的回报远远大于风险，我们并不是不会冒险。"这似乎与巴菲特所说的"风险来自无知"的观点相左。这不禁让我怀疑，1998年的市场状况是否与1969年的情况相同，当时年轻的巴菲特清算了他最初的投资合伙公司。投资者要注意了：无论在科技股还是加密货币领域，膨胀的资产价格、不断攀升的利率和狂热情绪往往会结合在一起并催生泡沫，这一切难以避免。

在那次年会之后的十几年里，我一直在管理CFP SDL英国巴菲特主义基金（CFP SDL UK Buffettology Fund），这只基金旗帜鲜明地致力于从商业角度遵循巴菲特－芒格式的投资传统。我们的认知和成就，不仅得益于我们直接从这两位先知身上获取的经验，还得益于多年来我们与无数其他伯克希尔股东建立的关系，尤其是在年度股东大会上。

和这些朋友的友谊同样可以追溯到 20 年前，当时我和杰里米在伦敦伊丽莎白二世女王会议中心组织了一场研讨会——"巴菲特－芒格－格雷厄姆投资奇迹的历程、体系和成就"。在此以前，我们从未尝试过举办这样的会议。我们邀请了 6 位著名的巴菲特研究学者：罗杰·洛温斯坦、珍妮特·洛、安迪·基尔帕特里克、玛丽·巴菲特（Mary Buffett）、大卫·克拉克（David Clark）和劳伦斯·A. 坎宁安。《星期日泰晤士报》主办了这次研讨会，我们吸引了 300 多名付费听众。我们以两本《证券分析》作为抽奖礼品，为慈善机构筹集了 836 英镑，这两本书由 6 位演讲者、巴菲特和芒格共同签名。

罗杰·洛温斯坦当时刚刚出版了权威传记《巴菲特传》。这本书回顾了巴菲特早期受到的影响、在哥伦比亚大学商学院接受的正规教育、早期的合作伙伴关系以及最终在伯克希尔的投资和管理生涯。在此基础上，珍妮特·洛详细阐述了那些影响巴菲特投资风格的人，从格雷厄姆教授到芒格先生。此外，这本书还提到了巴菲特的早期投资，尤其是政府雇员保险公司。

被称为伯克希尔民间历史学家的安迪·基尔帕特里克，其作品涵盖了伯克希尔公司的现代化成长之路以及里程碑事件，比如 1972 年收购喜诗糖果。在伟大投资者芒格和菲利普·费雪的影响下，巴菲特将经济商誉视为"护城河"的新关注点。这笔具有变革性的投资虽然规模不大，只有 2500 万美元，但它不仅标志着一种更精明的投资方法的诞生，还带来了之后伯克希尔在可口可乐公司身上数十亿美元的巨额盈利头寸。

玛丽·巴菲特和戴维·克拉克，以巴菲特和伯克希尔为主题，合著了几本书。他们探讨了投资分析定性和定量方面的若干话题。在定性分析方面，他们以美国运通、箭牌和吉列等公司为例，强调了占据消费者心智的消费垄断权。在定量分析方面，他们以可口可乐为例，强调了净资产收益率的重要性，以及复利的威力，并将股票视为票面利率不断扩大的债券。

劳伦斯·A. 坎宁安刚刚出版的《巴菲特致股东的信》专注于对伯克希尔生态系统的综合概述，围绕着价格和价值之间的差异、资产配置的过程、分散化与集中化的优点、恐惧与贪婪的悖论，以及伯克希尔对永久所有权的承诺展开了讨论。

这些陈述以及其背后的智慧结晶，都说明了伯克希尔群体对价值观的执着，这一点在伯克希尔的每一次年会上都表现得很明显。如果我们没有定期参加伯克希尔股东大会，就没有资格完全参与到这个知识库中来，而我们已经坚持参会几十年了。

在股东大会上，我学到的最有价值的一课是，一家企业的经济价值不是一个精确的数字，而是一个基于利率曲线和公司未来自由现金流的在某一范围内的估计值。由于利率和自由现金流都不能被 100% 地准确预测，因此我们不可能精确地计算一家企业的内在价值。

正如巴菲特喜欢说的（这句话源于约翰·梅纳德·凯恩斯）："模糊的正确胜过精确的错误。"安全边际决定了你能承受多少"模糊的正确"。我可以肯定的是，对于更好地吸取并不断强化这些智慧的菁华，没有比参加伯克希尔年度股东大会更好的方式了。

☆　☆　☆

**基思·阿什沃思－洛德**（Keith Ashworth-Lord）是桑福德·迪兰（Sanford DeLand）资产管理公司的董事总经理，这家公司总部位于英国曼彻斯特。基思也是《巴菲特投资哲学》（*Invest in the Best*）的作者。

THE WARREN BUFFETT
S H A R E H O L D E R

# GuruFocus

*田测产*

在获得物理学博士学位后，我在物理和光纤领域做了近 20 年的研究科学家。截至 2006 年，我已经发表了多篇论文，拥有专利 30 多项。但我隐约感觉到，自己已经接近职业生涯的天花板了，内心渴望做点别的事情。

在那之前的几年里，我经历了科技股泡沫的破灭，在光纤股票上的投资损失了 90%。这次损失让我意识到，我对股票的了解有所欠缺。我想学习投资，向世界上最好的投资者学习。

我从学习沃伦·巴菲特开始。通过阅读巴菲特 50 年来的致股东信、文章和采访材料，我对商业和投资的看法彻底改变了。

我觉得自己就像一个饥肠辘辘的人，刚刚享受了人生中最丰盛的饕餮盛宴。我想，这就是正确的投资方式！

为了分享我从巴菲特和其他伟大投资者身上学到的经验，我在 2004 年创办了 GuruFocus 网站。在这个网站上，我追随大师们的脚步，从大师中的大师沃伦·巴菲特开始。我在 GuruFocus 上编辑了巴菲特致股东的信和相关材料，还有他的投资组合和交易情况。GuruFocus 现在已经成为价值投资者学习和分享的必去网站。网站的流量一直在增长。

2007 年，我离开了处于艰难行进中的光纤行业。我将所有的精力都投入到另一份工作中，致力于构建一个由软件开发人员、编辑人员和数据分析人员组成的团队，以促进 GuruFocus 的运营和发展。我们在投资组合、内部人士、行业概况和公司财务方面开发了筛选工具和数据产品。目前，GuruFocus 已经成为全市场最大的价值投资网站。

我建立的投资研究平台现在服务于全球成千上万的投资者。我在 GuruFocus 全职工作了 10 年，写了一本关于价值投资的书。有读者告诉我，这本书影响了他们的投资策略。

我从 2009 年开始参加伯克希尔股东大会。和一大群志同道合的人坐在体育馆里，聆听沃伦·巴菲特和查理·芒格的演讲，空气中弥漫着兴奋的气氛，这是一种独特的体验。他们在这个年纪回答观众的问题，却从来没有感到疲惫和厌倦，这点让我非常着迷。

　　每次参加股东大会，我都带着自己的任务。我想做些笔记与 GuruFocus 的用户分享。我打字不够快，不能在现场就把所有的东西都记录下来。会议结束后，我总是把自己关在酒店房间里，努力回想并写下我能记住的一切，包括新的灵感、理解、洞见、发现和反思，并立即与 GuruFocus 的用户分享。

　　GuruFocus 主营在线订阅业务，因此我几乎从来没有亲自见过我的客户。奥马哈之行让我有机会在一个地方见到我的许多客户。我很珍惜他们给我的反馈、建议和意见，我也非常享受他们的赞扬，并为 GuruFocus 帮助这么多人获得投资成功而感到自豪。

　　有一次，我被邀请在一个价值投资会议上发言，组织者请使用 GuruFocus 的观众举手。一半的观众举起了手，全场爆发出热烈的掌声。那一刻，我感动得几乎要哭了。

　　2014 年股东大会结束以后，我在希尔顿酒店门前休息了一下。一位绅士走出世纪链接中心，坐在我旁边。我们开始聊天。他是芝加哥的一位基金经理。他问我是做什么的，我告诉他，我运营着一个名为 GuruFocus 的网站。他很惊讶地问道："所以你就是 GuruFocus 背后的男人？！"我点了点头。接下来的周一，他从芝加哥给我发了一封电子邮件，告诉我他刚刚升级为 GuruFocus 的高级会员。

在股东大会上，我也很高兴能见到我眼中的许多其他"大师"，包括马里奥·加贝里（Mario Gabelli）、汤姆·拉索和汤姆·盖纳。听他们的演讲、向他们提问能够帮助我更深入地了解商业和投资。我还遇到了小巴尼特·赫尔茨伯格（Barnett Helzberg Jr.），1995 年沃伦·巴菲特碰巧在纽约的一条街上遇见了他，并从他那里买下了三代人经营的家族企业——赫尔茨伯格钻石店（Helzberg Diamonds）。同样是在 1995 年，沃伦·巴菲特从比尔·柴尔德（Bill Child）手中买下了家具商店 RC Willey。赫尔茨伯格先生和柴尔德先生都回答了我的问题，并就如何激励员工和发展企业给了我宝贵的建议。

在过去的两年里，GuruFocus 的编辑团队——我、霍莉·拉芳（Holly LaFon）、希拉·唐（Sheila Dang）、西妮·盖特伍德（Sydnee Gatewood）加入了伯克希尔年会新闻发布会的媒体团队，做笔记、写评论、发推文<sup>⊖</sup>。伯克希尔的年会报道能成为互联网上的头条新闻，媒体团队正是默默奉献的一分子。我们现在也尽了自己的一份力。

随着越来越多的 GuruFocus 用户前往奥马哈，我注意到，每年在伯克希尔股东大会召开之前，他们中的许多人都会相互联系，以便在会后小聚。为什么不为我们的用户提供一个见面的地方呢？ 2016 年，我在奥马哈市中心的希尔顿逸林酒店举办了"GuruFocus 价值论坛"（GuruFocus Value Conference）。会议

---

⊖ Tweet，在 Twitter 上发的消息。——译者注

结束后，我们邀请大家免费畅饮，共度美好时光。

到目前为止，我们已经成功举办了两届"GuruFocus 价值论坛"。每次会议，我们都邀请 10 位事业有成的价值投资者发言。2017 年，有来自 21 个国家的 150 名投资者与会。我们荣幸地邀请到了优秀的演讲者：琼 – 玛丽·艾维拉德（Jean-Marie Eveillard）、布鲁斯·格林沃德、汤姆·拉索和唐纳德·雅克曼（Donald Yacktman）。

对于许多前往奥马哈的人来说，卫星会议已经变得和正式的年会一样重要。来自瑞典的基金经理约翰·拜内利厄斯（Johan Bynelius）告诉我，他参加了伯克希尔年会、马克尔会议和 GuruFocus 价值论坛。他喜欢 GuruFocus 价值论坛，因为论坛通过提供互动和网络机会，成为对大型会议的补充。当然，他也很喜欢我们提供的各种饮品。

我注意到，有越来越多的中国人参加伯克希尔股东大会——2016 年和 2017 年约有 4000 人，占总人数的 10%。在股东大会期间，伯克希尔提供现场中文翻译。这些中国人也组织了许多活动，并积极参加周边的卫星会议。由李勇和石勇博士创立的奥马哈价值投资教育与研究中心（Omaha Value Investment Education and Research Center）在奥马哈举办了 2017 年中美风险投资峰会，这次峰会安排在伯克希尔股东大会之前，伯克希尔公司董事沃尔特·斯科特（Walter Scott）发表了主题演讲，内布拉斯加州州长皮特·里基茨（Pete Ricketts）发表了讲话。

此次峰会旨在加强中国投资者及企业家与美国同行之间的经济合作，吸引了 400 多名投资者参加。现在有越来越多的中国媒体来到奥马哈，报道伯克希尔年会周末的各项活动，并在奥马哈当地组织聚会。那段时间，有关伯克希尔和巴菲特的新闻占据了中国各大媒体的头版头条。有许多中国投资者和游客撰写文章和博客，讲述通过奥马哈之行他们学到了什么，以及成为伯克希尔股东大会的一分子是多么令人兴奋的事情。其中许多文章在微博和微信等中国媒体上获得了广泛分享，有数百万人阅读。

在伯克希尔年会周末，我总是会错过一项活动，那就是伯克希尔旗下布鲁克斯体育公司赞助的 5 公里"投资你自己"（invest in yourself）健步跑活动。我连 2 公里都跑不动，更不用说 5 公里了。但我想成为其中的一分子。我最近开始跑步，计划在下次年会上参加 5 公里健步跑。我简直有点迫不及待了。希望在起跑线上见到你！

☆　☆　☆

**田测产**（Charlie Tian）是 GuruFocus 网站的创始人和 CEO，也是《像大师一样投资》（*Invest Like a Guru*）的作者。

THE WARREN BUFFETT
SHAREHOLDER

# 哥伦比亚晚宴

## 麦克雷·赛克斯

对加贝里公司（Gabelli Organization）来说，伯克希尔年度股东大会是一项特殊的活动。对我个人而言，这是投资研究的顶点。我的价值投资之路始于和祖父一起参观纽约证券交易所，然后是上哥伦比亚商学院接受关于价值投资的教育，最后是得到了为马里奥·加贝里（Mario Gabelli）工作的机会。

当加贝里先生推出公司最早的共同基金产品加贝里资产基金（Gabelli Asset Fund）和加贝里股票信托基金（Gabelli Equity Trust）时，伯克希尔的股票是首批买入的持仓股票之一。1987年11月，在股市崩盘之后，加贝里又以2900美元/股的价格买入了伯克希尔的股票，并持有至今。最初购买股票所花费的10

万美元带来了超过 900 万美元的未实现收益。

加贝里先生第一次去奥马哈参加伯克希尔年会是在 21 世纪初。从 2010 年起，他开始在希尔顿酒店的主宴会厅举办招待会和晚宴，谈论话题从格雷厄姆到巴菲特，再到其他人。第一次聚会由哥伦比亚商学院主办，布鲁斯·格林沃德教授担任主持人，接待了近 100 名学生、校友和朋友，现在每年约有 500 名客人到场。

每年加贝里先生和格林沃德教授都会主持有关伯克希尔的专家组讨论，哥伦比亚商学院的另一位教授塔诺·桑托斯（Tano Santos）也会参与讨论的轮流主持。专家组过往的成员有汤姆·拉索、比尔·阿克曼（Bill Ackman）和戴维·温特斯（David Winters）等知名人士。近年来，一些哥伦比亚商学院毕业生也加入其中，如斗篷山（Mantle Ridge）的保罗·希拉尔（Paul Hilal）、工匠合伙企业（Artisan Partners）的戴维·萨姆拉（David Samra）和顶峰之路（Summit Street）的詹妮弗·华莱士（Jennifer Wallace）。

虽然我从未见过专家组成员在台上喝樱桃可乐，但有一年他们以吉姆·比姆·波旁威士忌酒（Jim Beam Bourbon）庆祝比姆公司（Beam Inc.）被三得利（Suntory）⊖收购，其中两名专家组成员在比姆公司持有大量股份。在另一个值得纪念的年份里，

---

⊖　日本啤酒品牌。——译者注

围绕威朗制药和艾尔建（Valeant/Allergan）合并交易的失败，以及有关公司控股权的披露，大家进行了一场激烈的辩论。

我在哥伦比亚商学院与托马斯·特里福罗斯（Thomas Tryforos）教授一起上应用价值投资课程时，就开始研究巴菲特先生和伯克希尔公司了。我很早就知道，特里福罗斯教授会是一位出色的老师，因为他的课本是劳伦斯·A.坎宁安的《巴菲特致股东的信》，而且他认为这本书就是金融投资界的"圣经"。显然，他已经把这本书读过几百遍了，而且，由于每页都有笔记，他甚至能准确地指出每节主要课程对应的页码。

特里福罗斯教授承认，自己像刺猬一般重复<sup>⊖</sup>，每次上课开始时，他的黑板上只有一个符号——"P/V"。这是巴菲特先生经常引用的本·格雷厄姆的一句名言的简写，那句话是："价格是你付出的，价值是你得到的。"在最初的几节课上，我们都开玩笑说，这是一门专注于"价格对价值"（Price to Value）的课程，但很快我们就意识到这是一门关于投资和人生的课。我们欣赏这种教学方式，它不仅用传统教学的直接方法来铺陈内容，还通过创建个性化的学生路线图来帮助加深理解。

伯克希尔年会的"课堂"也与之类似。即使是最遥远的例子，巴菲特先生也能够在其中融入人们熟悉的核心价值观，比

---

⊖ 面对外界的突然袭击，刺猬的本能就是重复一次做了成千上万遍的动作：蜷缩身体。——译者注

如正直、节俭、独立、富有领导力和拥有创业思维。"永远要寻找三种品质：正直、聪明、精力充沛。如果你没有第一种品质，那么另外两项就会毁了你。"

对我和加贝里公司的同事们来说，周六的活动一大早就开始了，我们一群人在南入口处排队。我记得有一年，气温有 40 多度，雨水从侧面袭来。门一开，我们就迅速冲了进去，把座位挪到离演讲台较近的地方。即使要穿过拥挤的人群，经过激烈的竞争才能得到最好的座位，这个过程仍然有一个学院派的雅称——"价值投资学费"。

一直以来，巴菲特先生为加贝里公司提供了很多灵感和启迪，为投资研究、投资组合选择和人生课程提供了一个独特的框架。我们每年都会前往奥马哈，参加最令人印象深刻的企业年会，并赞助一些活动，比如与哥伦比亚商学院合办的旨在增加教育价值的活动。

☆　☆　☆

**麦克雷·赛克斯**（Macrae Sykes，昵称"马克"）是纽约市赖伊地区加贝里公司（Gabelli & Company）的高级研究分析师。

# 属于全体股东的盛宴

惠特尼·蒂尔森

自 1998 年以来，我一直参加伯克希尔 – 哈撒韦公司的年会。彼时，我即将走上财富管理的专业之路。我对第一次参会已经没有太多记忆，但我记得那是一个孤独的周末。似乎每个人都互相认识，在周五和周六晚上都出去参加有趣的晚宴。但是我谁也不认识，所以我一个人吃了晚饭，两个晚上都回旅馆房间去了。我觉得自己像个失败者。

幸运的是，我没有气馁，从那以后，我每年都有更好的参会体验。但我永远不会忘记初次参会的感受，我也不想让任何人有我在 1998 年那个周末的感受。所以几年后，我租了一个宴会厅，在周五晚上、周六下午和周日早晨对外开放，邀请所有伯克希尔的股东相互认识与交流。我每年都这样做，所以请加入我们吧！

在过去 20 年的年会中，我从巴菲特和芒格那里学到了很多关于投资的知识，他们是真正有天赋的老师，能够将复杂的问题化繁为简。毫无疑问，如果不是我参加了每一次年会，并学习了他们的投资经验，我肯定不会取得过去那样的成功——在我职业生涯的第一个 10 年里，我取得了长期跑赢市场的优秀业绩，管理的资产规模从 100 万美元增长到 2 亿美元。

但我在历次股东大会中学到的**非投资**经验，对我的生活产生了更大的影响。巴菲特和芒格传授给我的"普适智慧"使我成为一个更快乐、更优秀的人——一个更好的儿子、丈夫、父亲和朋友，如果没有他们，我不会成为这样的人。

经过 20 多年时间的洗礼，我逐渐意识到，价值投资就像一个宗教：它有一个受人尊敬的创始人（本·格雷厄姆）、教皇（巴菲特）、资深红衣主教（芒格）、《旧约》（《证券分析》）、《新约》（《聪明的投资者》），一套包含善良和正直等品格的准则和价值观，还有成千上万充满激情的门徒（像我一样），这些门徒一边仔细研究历史文献，一边认真分析所有的新言论。当我说我在格雷厄姆、多德、巴菲特和芒格的教堂祈祷时，我只有几分是在开玩笑。

从这个角度来看，伯克希尔的年会显然是宗教复兴会议和朝圣的综合体，就像穆斯林去麦加和犹太人去耶路撒冷一样。对于这些宗教的信徒来说，一生中至少朝圣一次是他们的义务，朝圣可以加深他们的信仰，让他们结交新的朋友，并与老友重聚。这就是伯克希尔股东大会对我和全球广大价值投资者的意义。

有些人来参加股东大会的原因之一，是希望有机会问一个问题。在过去，股东大会只有几千人参加，任何想参加的人都可以问一个问题，但随着人数的增加，情况慢慢发生了变化。此外，随着巴菲特和芒格（以及伯克希尔的股东大会）变得越来越有名，那些寻求关注或居心叵测的人会在凌晨4点起床，抢占麦克风前的位置，结果是：出现了越来越多糟糕的、自私的问题。

为了解决这个问题，巴菲特在每个麦克风前都设置了抽签系统，所以凌晨赶到现场已经没有任何好处了。后来，他允许由分析师和记者组成的专家组提问。这些措施大大减少了疯狂问题的数量，但也减少了普通股东提出深思熟虑的问题的机会。因此，我必须想出一些聪明的策略来提出我的问题，而这些策略奏效了：在过去的15年里，我问了8个问题，我想这比其他任何人都要多。

在早期通过麦克风提问的日子里，一切都很简单：我去了一个无人排队的小房间（巴菲特和芒格出现在大屏幕上）。大多数人都想在现场感受刺激的氛围，而疯狂的人则希望被所有人看到，所以我能够很容易提出我的问题。

即使在巴菲特实施了抽签制度之后，那个小房间仍然值得去。这是因为，那里只有 6 个左右的人可以把自己的名字投进抽签系统，而主会场上的每一个麦克风前都有几十个人在排队。考虑到前三名被选中的人通常都有机会提问，我的胜算很大，所以我经常能够提问。

我的搭档格伦·唐（Glenn Tongue）也会把自己的名字写进去，所以我们把被抽中的概率提高了一倍。一旦我们知道我们当中的某个人进入了前三名，我们就会一起提出一个很棒的问题。

2013 年，我的妻子苏珊第一次来参加伯克希尔股东大会，我们把她的名字也投进了抽签系统。她不想提问，但我告诉她如果她获得了提问的机会，我会替她问的。但是，当她获得提问机会的时候，麦克风监控器提示说不允许换人。苏珊感到压力很大，但还是提出了一个很好的问题：

> 我有三个女儿，我希望她们能做任何事情。但是在商界，似乎仍然存在针对职业女性的天花板。您认为这是个问题吗？应该怎么做？

她并不知道，她提出这个问题的时机恰到好处，因为就在两天前，巴菲特刚刚在《财富》杂志上发表了一篇题为《沃伦·巴菲特力挺……女性》的文章。巴菲特略做思考，给出了一个很长的、深思熟虑的答案，强调了他在文章中提出的观点，比如：

> 美国越是充分利用所有公民的才能，其商品和服务的产
> 出就会越大。我们已经看到，当我们发挥50%的人力资源
> 时，可以取得什么成就。如果你想象一下100%能做什么，
> 你就会和我一样，对美国的未来充满无限的乐观。

年会结束后，许多人来找苏珊，对她说这是一个多么好的
问题——她整个周末都兴高采烈！

我经常来奥马哈的最后一个原因，是可以参加很多的周边
会议，在那里我提高了自己的学习能力，也遇到了很多有趣的
人。许多会议都是独家的；有些实行邀请制，但得到邀请并不
难（比如过去安迪和帕特·基尔帕特里克在周六晚上举办的派
对）；有些是对所有人开放的（比如我这三天的活动、周五下午
的"伯克希尔黄"聚会、周日的马克尔会议）。

我参加过的最有价值的周边会议，是由我的朋友菲尔·特
里（Phil Terry）组织的，他是合作共赢公司（Collaborative
Gain）的创始人兼CEO。在2016年和2017年，他邀请了20多
家互联网初创公司的CEO来参加年会，这样他们就可以学习领
导力课程了。在两次聚会上，菲尔都邀请我做一个关于"芒格
的普适智慧"的演讲，对此我欣然领命。

但这两年真正的收获是听到下一位演讲者——伯克希尔旗

下东方贸易（Oriental Trading）子公司 CEO 萨姆·泰勒（Sam Taylor）的演讲。对菲尔对萨姆言论的描述，可以参见他在这本书中撰写的文章——"经理人"章节的最后一篇，所以我就不再赘述了，只想说他的言论很精彩，很感人。

我很感激巴菲特和芒格教会我的一切。它们如此之多，以至于我正在写一本书，这本书的主题就是我从他们身上学到的普适智慧。

☆　☆　☆

**惠特尼·蒂尔森**（Whitney Tilson）是凯斯学习（Kase Learning）的创始人兼 CEO，他通过该平台教授有关价值投资、创业和普适智慧的课程。他也是《穷查理宝典》（*Poor Charlie's Almanack*）的撰稿人之一。

THE
WARREN BUFFETT
SHAREHOLDER

第7章

# 经 理 人

# 我的导师巴菲特

## 奥尔萨·奈斯利

我对伯克希尔股东大会的记忆，跨越了过去的 21 年。我生命中最重要的事件之一，同时也是政府雇员保险公司（GEICO）最重要的事件之一，是 1995 年年中沃伦·巴菲特打来电话，解释说如果我认为这是个好主意，他愿意购买 GEICO 剩余 49% 的股份。当然，我认为这是一个伟大的想法，结果果然就是这样。

合并发生在 1996 年 1 月 2 日。当时我们都很忙，不知道参加伯克希尔股东大会是一个多么好的机会，所以我就没有参加 1996 年的年会。我第一次参加年会是在 1997 年，从那以后我再也没有错过一次。

在过去的 21 年里，有很多美好的回忆，包括与伯克希尔所有的董事会成员以及巴菲特的老朋友比尔·鲁安和弗雷德·斯坦贝克（Fred Stanback）的会面和互动。他们两人都是巴菲特在哥伦比亚大学读书时的同学。

我参加的第一次年会是在阿克萨本体育馆举行的。后来，新的会议中心开放了，为伯克希尔旗下各种各样的企业提供了向股东展示和出售产品的空间，这绝对是非常棒的。这是一个很好的机会，我们不仅可以认识和感谢我们的客户，还可以向新客户销售我们的各种保险产品。

我们将参加年会的机会作为奖品，专门奖励全国各地的顶级经销商，并借此销售我们的产品。我们的每个网点、每个产品线的销售冠军都被邀请参加，总共约有 15 人。当然，这是一个强大的激励，为了获得伯克希尔股东大会参会资格的竞争非常激烈。我们的同事都喜欢见到巴菲特本人。

几年来，巴菲特每年都会在年会前的周五举办午宴，让旗下不同企业的经理人互相认识。周四下午和周五的伯克希尔 CEO 圆桌会议也非常成功，这是与其他公司的 CEO 交流信息和想法的又一个绝佳机会，你可以获得有关网络安全等一系列新兴问题的最新资讯。

在我参加年会的最初几年，巴菲特通过参加周五晚上的比赛以及投出第一个球，来支持当地的小联盟棒球队。他似乎总能吸引厄尼·班克斯（Ernie Banks）<sup>⊖</sup>这样的传奇人物来参加这个活动，这对所有人来说都很有趣。

伯克希尔年会周末最有价值的部分无疑是巴菲特和芒格的问答环节。巴菲特和芒格传授的智慧是无与伦比的，当然，这也是为什么有 4 万人前往奥马哈朝圣。坦率地说，没有什么比亲临现场看见这一切更好的了。我一直感到惊讶的是，观众们是带着紧张而又兴奋的心情，聆听芒格和巴菲特的人生箴言的，而且大多数人都是 6 个小时全程参与的。

这是世界上独一无二的周末，我希望它能持续很多年。这么多年来，我一直是一个非常幸运的人，能够与伯克希尔和 GEICO 联系在一起。有机会为巴菲特工作，我的感激之情难以言表。我认为他是最好的朋友和导师。

☆　☆　☆

**奥尔萨·奈斯利**（Olza M. Nicely，昵称"托尼"）是伯克希尔 - 哈撒韦旗下政府雇员保险公司（GEICO）的董事长兼 CEO，自 1961 年以来他一直在 GEICO 工作。

---

⊖　棒球名将。——译者注

# 众人拾柴火焰高

## 托马斯·曼尼蒂

很少有人会忘记他们第一次参加伯克希尔年会的经历。我是 2010 年第一次参会的，当时我是迈铁（MiTek）公司的高管，这家公司于 2001 年被伯克希尔收购。从 1977 年起，我就在迈铁工作，那时我只是一名新手销售员。到 2008 年，我已经在负责迈铁最大的业务部门——迈铁美国（MiTek USA）了。虽然我在 2008 年正式从迈铁退休，但当我在 2009 年年底以总裁兼首席运营官（COO）的身份回归时，长期退休变成了短期休假。2011 年 1 月，我接替吉恩·图姆斯（Gene Toombs）担任 CEO。一年后，我又成了董事长。经营伯克希尔 - 哈撒韦旗下的企业一直是我的荣幸。

我很期待 2010 年的年会。那次年会受到了很多关注，因为此前不久，伯克希尔以超过 340 亿美元的天价收购了 BNSF 铁路公司的剩余股份！围绕那次年会的相关争议是，伯克希尔－哈撒韦如何以一部分 B 类股票支付收购费用。似乎每年的年会都会围绕一项惊人而独特的事件产生一些争议。

对我来说，伯克希尔为收购这家铁路公司引发的喧嚣无关紧要。让我更感兴趣和着迷的是，私人旅游公司 CEO 马特·罗斯（Matt Rose）给巴菲特、董事会和伯克希尔其他"经理人"的 BNSF 专列，他把专列带到年会现场，就停在会议中心后面！

2011 年年会，我第一次以迈铁 CEO 的身份参会。那一年，一个人在使巴菲特关注路博润（Lubrizol）收购案这件事上扮演了可疑的角色，这让人感觉如芒在背。我提到这一点，是因为这对"全明星们"（巴菲特喜欢这样称呼伯克希尔子公司的 CEO 们）来说，是宝贵的一课。

巴菲特总是给予他的经理人 100% 的支持，然而，你要知道自己的职责所在，不会轻易逾越，比如我就一直觉得自己对迈铁的管理运营负有极大的责任。简单说，你就是不想让巴菲特失望，这是伯克希尔成功秘密的一部分。如果你想知道在巴菲特退休后（我是说如果巴菲特打算退休的话）这是否会改变，依我愚见，答案是明确的——一个大大的"不"。不辜负巴菲特和芒格留下的遗产，将是一个相当强大的动力。等着瞧吧。

从 2013 年起，伯克希尔子公司的经理人们开始提前一天来到奥马哈，参加伯克希尔 CEO 圆桌会议。在我任职期间，我参加了全部的五场活动，它们对我来说是锦上添花。与其他 CEO 们分享最佳实践，与巴菲特、芒格和伯克希尔董事会有更多"私人时间"，这些都是独一无二的，也是值得珍视的。

2015 年的年会，是一场庆祝伯克希尔成立 50 周年的大会。对所有人来说，它具有特殊的意义。50 年！我很自豪能作为其中的一分子，参与和见证这个不可思议的里程碑事件。每次年会开始时的视频总会让人充满对终极娱乐的期待。在这些视频的最后，屏幕上会滚动展示伯克希尔子公司 CEO 们的照片。对我来说，这永远是一个值得骄傲和保持谦卑的时刻。就在传统的拍照仪式开始前，视频以伯克希尔演唱甲壳虫乐队标志性歌曲《佩珀中士的孤独之心俱乐部乐队》(Sgt. Pepper's Lonely Hearts Club Band) 结束！

屏幕上有一张图片，乍一看就像《佩珀中士》( Sgt. Pepper) 的专辑封面。仔细一看，你会发现，这些蒙太奇镜头下的历史面孔不是甲壳虫乐队，而是年轻和年老时的沃伦·巴菲特和查理·芒格的画像。他们背后的历史面孔是伯克希尔子公司的 CEO 们。我很确定我不是唯一一个在屏幕上寻找自己面孔的人。我的妻子凯西毫无意外地找到了我的画像，并把它指给我看。那真是一个令人难忘的时刻。在我整个职业生涯中，最珍贵的财产之一就是一张印着这一独一无二的"专辑封面"的照片。我 15 秒的露脸，让我的儿子、女儿和孙女们都感到很开心。

我最近一次参加伯克希尔股东大会是在 2017 年。当时，我作为迈铁的执行总裁出席了会议，陪同我一起参会的是迈铁新任 CEO 马克·托姆（Mark Thom），他是 2017 年 1 月加入我们的。在大会前一天的年度经理人午宴上，我把马克介绍给巴菲特，这是一个令人自豪的时刻——尽管房间里熙熙攘攘，巴菲特还是花时间对马克表示了热烈欢迎。

巴菲特始终不明白，为什么我要在 66 岁这个大好的年纪退休。我已竭尽所能把企业带到了一个比我刚出任 CEO 时更好的境地，现在应该让一位完全符合沃伦要求的领导者来管理，我很早就从沃伦那里学到了这个道理。他希望领导者：①非常非常聪明；②对自己的工作充满热情；③具有绝对的诚信。

他接着说，你不能用第一项和第二项的富余来弥补第三项的不足。与迈铁的领导层一起前进，没有什么可担心的。勇往直前，所向披靡，直至获胜。

在我服务迈铁的 40 年里，过去 8 年对我来说是最好的时光。我们不仅推进了"以人为本"的企业文化，同时也将我们的核心价值观植入了公司的基因，我们还通过有机和多元化的增长，将迈铁的运营收入和利润提高了一倍多。很显然，带领迈铁走过这段历程的灵感，来自我参加的 8 次年会和经理人午宴，以及 5 次 CEO 圆桌会议。

2018 年 1 月 1 日，我退休了，怀着一颗平常心进入了人生的下一个阶段，只有获得伯克希尔"全明星"的荣誉才能让我享受这种平静。人们经常问我，巴菲特到底是什么样的人？我的回答始终如一：他和你在电视与年会上看到的一模一样。眼见为实，相信我，他始终表里如一。

我会时常想念年会吗？当然。没有比这更好的了。我非常感谢能有机会参与其中——自2001年以来一直供职于伯克希尔的全资子公司，拥有伯克希尔"经理人"这一独特的领导角色。说实话，虽然在"短期休假"期间，我收到了很多工作邀请，但没有一个是有吸引力的。2009年，凯西和我一致认为，让我没有退休理由的职位只有一个——"迈铁公司CEO，隶属于伯克希尔－哈撒韦"。

幸运的是，我身边有许多非常敬业的高管，非常有才华、有理想的伙伴（我在迈铁的同事就是这么称呼的），还有一位"老板"，他为我们提供了资源、设定了标准、给予了鼓励、树立了榜样，让我们所有的目标都得以顺利实现。伯克希尔股东大会将继续精彩绝伦，我为马克·托姆和他的团队感到兴奋，他们将延续迈铁和伯克希尔卓越的经营传统。每年5月的第一个周末，内布拉斯加的奥马哈都会庆祝我们既往取得的成就。最后，请允许我引用巴菲特本人的话：最好的还在后头呢！

☆    ☆    ☆

**托马斯·曼尼蒂**（Thomas J. Manenti）是伯克希尔－哈撒韦旗下迈铁公司（MiTek Inc.）的董事长兼CEO，于2018年退休。他自1977年以来就在该公司供职。

# 让空军高层叹为观止的盛宴

## 布鲁斯·惠特曼

就在 1996 年年底之前，伯克希尔收购了全球航空培训和模拟飞行公司飞安国际（FlightSafety International），我几乎在这家公司度过了我的整个职业生涯。1961 年，我开始在飞安国际工作，担任该公司创始人阿尔·乌尔奇（Al Ueltschi）的副手。在伯克希尔收购我们时，我仍在担任这一职务。2003 年，阿尔退休了，我很荣幸地担任了公司的掌舵人。

伯克希尔收购飞安国际对两家公司来说都是一个转折点，对我来说也是如此。对飞安国际来说，我们从一家承受着股市涨跌压力、公众持有的上市公司变成了私有企业，母公司是全球最有耐心的企业之一。对伯克希尔来说，20 世纪 90 年代末，它从一家主要持有股票的公司转变为一家主要拥有企业股权的公司。在我1997年第一次参加伯克希尔股东大会时，伯克希尔家族的成员公司可能只有不到20家，现在则增加到60家。

这是一段非常有益的经历，因为巴菲特和芒格是我与所有伯克希尔经理人的优秀导师和榜样。早些年，沃伦曾邀请伯克希尔的经理人在年会前的周五与他共进午餐。我们都会参加周六的年会，坐在主席台前预留的座位上，迄今为止这仍然是一个传统。我们当然喜欢会议期间的问答环节，特别是有针对我们业务的问题时。我们中的许多人还会参加巴菲特周日举办的早午餐，在那里我们可以随意地谈论我们作为伯克希尔经理人的独特地位。然而，尽管我们都喜欢彼此交流，但我们之间并没有正式的商业讨论。

2011年，我和妻子带着两位特别嘉宾（我们的好朋友，两位美国空军将领，同时也是功勋卓著的终身爱国者）与我们一起参加了伯克希尔股东大会。其中一位是退休的四星上将，曾经在美国宇航局（NASA）任职试飞员和宇航员，后来担任过美国战略司令部指挥官；另一位是当时的一星准将，后来被提拔为少将，她毕业于飞行员学校，是一名飞行测试工程师，现在担任多个空军指挥部的高级动员官。他们俩也是夫妻：凯文·奇尔顿（Kevin Chilton）上将和凯瑟琳·奇尔顿（Catherine Chilton）少将。

作为伯克希尔股东大会的嘉宾，这对人人称羡的夫妇（两位来自美国军方最高层的领导）感受到了深深的震撼。他们喜欢会议本身、展览、聚会、与其他经理人和股东见面……整个场景。这提醒了我：对我们这些多次参加年会的人来说，有很多值得感谢的地方。（顺便说一句，长期担任伯克希尔董事和大股东的沃尔特·斯科特曾任美国战略司令部顾问。）

2013 年，巴菲特在奥马哈总部的高级行政助理特雷西·布里特·库尔（Tracy Britt Cool）发起了一个名为"CEO 圆桌会议"的新项目。特雷西按照主题组织了多个活动，并要求经理人开展适度的讨论。一个相当活跃的活动日程安排（讨论、演讲、聚餐）让有兴趣的伯克希尔经理人有了一个更正式、更有组织的方式来交流想法，并就伯克希尔家族的生活交换意见。这些聚会（现在是年会周末的常规活动）对未来洞察力和愿景的产生具有重要价值。

在伯克希尔的经理人和股东当中，有一种特殊的战友情谊，因为大多数经理人也是重要的股东。伯克希尔股东大会为美国企业界的管理者和股东们提供了一个相互学习的独特机会。我谨代表在飞安国际工作的 4600 名同事向大家宣告，我们很高兴也很自豪能成为伯克希尔家族的一员，这是我在飞安国际工作 57 年来最辉煌的时刻。

☆　☆　☆

**布鲁斯·惠特曼**（Bruce N. Whitman）是伯克希尔 - 哈撒韦旗下飞安国际的董事长、总裁兼 CEO，他自 1961 年以来一直在该公司工作。

THE WARREN BUFFETT
S H A R E H O L D E R

# 纪念萨姆·泰勒

## 菲尔·特里

在我们的一生之中，如果我们遇到一个散发着爱和善意的人，他的存在让我们成为更好的人，他待人热情、友好、善良、真诚，我们就会觉得自己很幸运。伯克希尔全明星经理人、东方贸易总裁兼 CEO 萨姆·泰勒（Sam Taylor）就是这样一个人。2017 年 12 月 29 日，萨姆永远地离开了我们。

问问认识萨姆的人，他们会告诉你，萨姆身上散发着世界上最耀眼的光芒之一。

我第一次见到萨姆，是在 2000 年或 2001 年的一次名为

Shop.org 的行业会议上。他穿着花哨的夏威夷衬衫，提的问题都很好，而且他总是那么积极乐观。我意识到，他是我的同道中人，我们都对客户体验和商业实践充满热情，也同样钦佩沃伦·巴菲特和查理·芒格。我们很快成了朋友。

在接下来的 15 年里，我们一起做了很多事情。我们成立了同业领导委员会，举办晚宴，提升客户体验，培养待人谦和的领导力，并在巴菲特召开年度股东大会之前，于奥马哈为刚刚成为股东的互联网 CEO 们举办研讨会。萨姆总是乐于助人，总是愿意按照自己的原则生活。

作为伯克希尔 – 哈撒韦旗下企业的 CEO，萨姆坚持终身学习，寻求外界的帮助，倾听客户和同事的意见。

我永远不会忘记下面这个场景。

2015 年，在奥马哈，当萨姆站在我们一众互联网 CEO 面前时，他同我们分享了将自己的公司出售给沃伦·巴菲特的感受。在讲述这个故事的过程中，萨姆哭了——在那样的环境下，很少有领导者会如此。

萨姆为什么会流泪？

在同意伯克希尔的收购之前，萨姆的董事会（由私人股东控制）一直在向他施压，要求他把客户服务业务转移到海外，取消该部门在美国国内的所有工作岗位。萨姆知道，客户服务是东方贸易公司品牌的重要组成部分，因此他拒绝采取这一举措。在将公司出售给巴菲特后，萨姆含着喜悦的泪水告诉他的员工，来到伯克希尔的大家庭，意味着他们可以保住自己的工作。当他讲述这个故事，以及它对他的员工和他们的家人意味着什么时，他又哭了。在场所有的互联网 CEO 们都出乎意料地被感动了。

在我写这篇文章的时候，我仿佛还能听到他的笑声，在告诉我不要太过褒奖。萨姆谦虚又聪明，蠢萌又认真，虔诚又博爱。

他可以与所有人建立联系：互联网 CEO、客户服务代表、沃伦·巴菲特、他的管理团队、客户和仓库员工。你可以在《卧底老板》（Undercover Boss）中看到萨姆（你必须登录 Hulu 或 YouTube 才能看到完整的一集，但这是值得的）。

因为萨姆，我的生活变得更好了。仅仅是认识他就让我想要继续学习、给予和爱。

萨姆不相信有障碍。

当他被诊断出患有胶质母细胞瘤（胶质瘤是一种晚期脑癌，

我的母亲五年前死于这种癌症)时,他不仅寻求了所有能找到的治疗方法,还制作了一系列视频,分享他的领导力、人生哲学和癌症治疗方法。

我认识萨姆,是因为他是伯克希尔旗下企业的 CEO,也是一名互联网先驱。他热衷于参加教会活动,并严格履行对于家庭的承诺。

2018 年 1 月 5 日,萨姆的葬礼在奥马哈的耶稣基督后期圣徒教会举行。萨姆的女儿阿什顿用她美妙的嗓音唱了歌。她说:"我爸爸让我在他的葬礼上唱首歌。谢谢您,爸爸。"萨姆曾对他的三个女儿说,无论何时,只要她们看到气球,就意味着他在附近。她们给每位到场嘉宾都发了一只气球,并在葬礼结束时放飞。巴菲特静静地站在那儿,和他的妻子以及其他所有人一起放飞了气球。在萨姆任职期间以及患病期间,巴菲特一直都非常支持他。

现在萨姆的光芒已经熄灭,我决定点燃属于我自己的光芒。当我难过的时候,我会想起萨姆。当坏天气或旅行使我疲惫不堪时,我会想起萨姆。当我为在工作场所哭泣而感到羞愧时(因为,套用汤姆·汉克斯在《英雄本色》(*League of Their Own*)中扮演的角色的话,"生意场上没有哭泣"),我会想起萨姆。

每天早上我都会练习说:

我是萨姆。

我是萨姆。

我们都是萨姆。

☆　　☆　　☆

**菲尔·特里**（Phil Terry）是合作共赢公司（Collaborative Gain, Inc., 运营领导力课程）和阅读奥德赛（Reading Odyssey, 一家终身学习的非营利组织）的创始人兼 CEO。同时，他也是《与客户共舞》（*Customers Included*）的合著者。

第 8 章

# 学　　者

# 与公司相得益彰的股东群体

## 罗伯特·德纳姆

沃伦·巴菲特让伯克希尔－哈撒韦的股东大会成为美国资本主义的一个独特象征。在美国大多数的公司中，年会是一项敷衍了事的活动，两个小时的会议冗长且无聊。虽然也会安排股东提问，但这些"问题"往往只会令人生厌，无法作为探究公司业务战略和前景的参考。公司一般也只会针对被问到的问题做出回应，而不会寻找机会传授更多的经验。即便是在活跃的投资者云集的今天，大多数年会也都是走过场。

相比之下，伯克希尔股东大会则是一场规模宏大的盛会，既有视频秀、伯克希尔子公司产品的展销，也有很多时间会进行深思熟虑的问答，这些问答主要围绕伯克希尔及其业务展开，还包括对投资和生活的思考。会议会安排为期三天的活动，包括周末派对、价值导向投资顾问赞助的周边会议、伯克希尔旗下布鲁克斯体育公司赞助的 5 公里健步跑以及其他购物活动。

与大多数其他美国大公司的年会相比，伯克希尔股东大会股东的出席率遥遥领先，高达 200∶1，因为这里为股东提供了很多有价值的内容。这一点不难理解，对伯克希尔的许多股东来说，伯克希尔股票是他们最大的一笔金融资产。

问题不管来自何处，都直指事物的本质，并具有相当深邃的洞察力。在这方面，伯克希尔的年报为与会者提供了一个有益的指导。年报写得既仔细又清楚，这是为了向不实际参与伯克希尔业务但希望了解业务的股东合伙人解释伯克希尔的业务及其经营所处的经济环境。那些读过年报的人已经准备好提出问题、理解答案，并将问题和答案放在更广泛的商业环境中去观察。换句话说，他们准备成为年会的参与者，并在周末参与围绕年会展开的多次会谈。

在回答问题时，巴菲特和芒格以管理合伙人的姿态，向他们的合伙人汇报工作；并以老师的身份，向他们的听众传授有关获得财务成功和美好生活的必备知识。他们用简单的解释和丰富的案例来回答各种各样的问题，其中遵循的基本原则是，不要传递会破坏或削弱伯克希尔可能拥有的专有优势的信息。当他们拒绝回答时，他们会明确地告诉你，而不是给出人们经常从其他企业领导人那里听到的"模棱两可"的答案。

在历年的伯克希尔股东大会上，巴菲特多次谈到了他基于价值投资的基本方法和原则。他经常提到一个基本概念，即对任何企业或投资的估值，都是基于对永续现金流的估计，再以适当的利率贴现，然后在合理的安全边际以一定的折扣价格买入。他还讨论了这个概念如何适用于对伯克希尔的估值。

但他从不给听众提供估值参数或答案。这种沉默反映出一种信念，即每个投资者都必须对这些基本因素的看法负责。尽管讨论的焦点是伯克希尔的业务，以及与市场和经济相关的问题，但也有一些讨论是关于如何过上合法合规、有价值的生活的。这些讨论反映出，巴菲特和芒格对他人深深的期许——不仅在经济上要成功，而且在道德上亦要保持高尚。

在20世纪90年代的一次年会上，伯克希尔子公司范奇海默兄弟（Fechheimer Brothers）的业务高管、前CEO帕特里克·伯恩（Patrick Byrne）向巴菲特提出了一个关于道德哲学的问题。这个问题让巴菲特和芒格对约翰·罗尔斯（John Rawls）在其著作《正义论》（A Theory of Justice）中描述的"差异原则"进行了深入的讨论。差异原则认为，财富、收入、责任和权力的分配差异只有在惠及最不富裕的社会成员时才能被接受。罗尔斯认为，人们在进入社会之前不知道自己的角色是什么，他们会选择"差异原则"作为正义的原则——他称之为在"无知的面纱"下做出的决定。

巴菲特大体上同意罗尔斯的观点；芒格也表示同意，但他也有保留意见，理由包括这样做不能最大限度地提高总产量，因为这对最有才华的人激励不足。巴菲特的"卵巢彩票"理论则认为，如果我们不知道自己的角色，那我们应当思考如何制定在我们出生前便存在的这个世界的规则，这似乎吸收和借鉴了罗尔斯的"差异原则"，巴菲特在年会上也多次讨论过这一话题。

这是一个很好的例子，说明巴菲特作为一名老师，擅长用简洁的图像语言解释复杂的想法。这与他在年会上讨论的那些人生课题息息相关。他敏锐地意识到，出生在20世纪30年代的美国是一种优势，这赋予了他特定的人生角色。相对于那些生来处于劣势的人来说，他将更多的机会归功于中了"卵巢彩票"。但他乐观地认为，在未来，世界上理性的人将继续致力于改善生活条件，就像他们在过去所做的那样。

是的，伯克希尔有一个与众不同的年会，大多数公司不会选择效仿它。伯克希尔每年都会吸引大批热情的股东，他们在离开时会带走一些思想，这些思想影响着他们对投资和世界的看法。巴菲特和芒格明白，随着时间的推移，公司要想持续发展，就必须有一批在价值观层面与公司的理念保持一致的股东，通过年度股东大会上那样坦诚、清晰的沟通，他们在为伯克希尔吸引一批非凡的股东上做出了卓越贡献。

☆　☆　☆

**罗伯特·德纳姆**（Robert E. Denham）是芒格－托尔斯＆奥尔森律师事务所（Munger，Tolles& Olson，LLP）洛杉矶办事处的合伙人，该律所常年担任伯克希尔－哈撒韦的法律代表。他也是雪佛龙、《纽约时报》集团、芬莎公司（FEMSA）以及橡树资本集团（Oaktree Capital Group）的董事会成员。

THE WARREN BUFFETT
SHAREHOLDER

# 全球最伟大的商业秀

## 西蒙·洛恩

玲玲马戏团（Ringling Bros. and Barnum & Bailey Circus）<sup>⊖</sup>
家族的历史可以追溯至 1871 年，其最后一场表演举办于 2017
年 5 月 21 日。我不知道它是否确实如对外宣传的那样，是"全
球最伟大的表演秀"，但我相当确定，巴菲特和芒格的商业
秀——也就是伯克希尔–哈撒韦公司的年度股东大会，是这个
星球上目所能及的最伟大的年会。这种粗略的类比并非心血来
潮。在很大程度上，伯克希尔股东大会的本质是一场商业秀，
或者更确切地说，这是多年以来演变的结果。巴菲特和芒格是
非常出色的表演者，只不过他们交易的股票是真实的，会上的

---

⊖ 美国知名马戏团。——译者注

一切都是真实的。他们很好地把握了分寸，对商业敏感信息保密，而不是在一个有大量观众的公共论坛上讨论这些信息，这就是全部的真相。

从某种意义上说，伯克希尔股东大会是巴菲特自1965年（如果我们从巴菲特合伙公司算起的话，是1956年）以来致股东信的自然产物，具有重要的权威性。（我郑重声明，巴菲特直到1971年才开始亲自签署伯克希尔的信件。不幸的是，1965年我还不是公司的股东，更不用说从1956年开始追随了。）就像这些年来致股东信的影响力不断增强一样，年会也是如此。这一过程与我们看到的孩子成长的经历并无二致。每一次更新迭代——或者说每一天的变化不大，但当我们用长期的眼光来看时，成长的程度是显而易见的。

但事实上，正如年会是致股东信的自然产物一样，致股东信也是巴菲特天性的自然产物。在密切关注公司治理的一小群人当中，存在着某种意识形态上的分歧。一方阵营认为，股东团体是他们所持有的股份公司的真正所有者，而董事会和高管则是这些所有者选举出来的代表。乍一看，这似乎是更合适的模式。当然，股票代表着所有权。然而，另一方阵营则认为，股东更像是信托计划的受益人，而董事会和高管则是信托计划的受托人。

巴菲特将伯克希尔的股东视为企业的真正所有者。致股东信是一个非常棒的观察视角，但对许多人来说，年会可能是最

直观的表达方式。他们给自己提出了四个问题：为什么年会是
这个样子的？这样的努力值得吗？如果值得，为什么没有更多
的公司这样做呢？在今天的演员（意指巴菲特和芒格）离开舞台
后，演出还会继续吗？

**为什么**年会是这个样子的？好吧，如果你给你的投资者写
了一封 30 页的信，就像是在给你那些相当聪明但在财务方面不
那么精明的姐妹写信。那你为什么不把你的年会搞得好像你和
她们坐在客厅里促膝长谈一样呢？当然，当你的客厅里有 3 万
人左右的时候，你必须做些改变，但这就是基本模式。

尽你所能，为股东总结**他们**公司的情况；在不过度妨碍业
务本身的情况下，尽可能回答他们的问题；在他们离开后，处
理正式的必要事务（选举董事、核准审计人员）。如果你能对你
的伙伴说一些笑话、俏皮话、略微犀利的话来活跃气氛，那就
一定要这么做。毕竟，这是在客厅里的谈话，试着成为一个得
体的健谈者。当然，永远不要忘记，和你谈话的人可能会对其
他人重复这段对话。同时也要记住，表扬要对人不对事，批评
要对事不对人，这是最有效的。

如果你能一眼看透事物的本质，就像巴菲特和芒格一样；
如果你和你的 30 000 名投资者在一起，因为你正在做的事情让
他们当中的数千名成了百万富翁；如果你拥有六七十家公司，
经营业务从内衣到钻石手镯，从房屋到飞机……那么，为什么

你不让他们尽可能容易地买到这些产品呢？如果你有一点中西部风格的表演才能——我想到了电影《欢乐音乐妙无穷》（*The Music Man*），假设哈罗德·希尔（Harold Hill）这个角色是完全真实的，那这不正是你想要的吗？

这正是年会之所以是这个样子的原因，它不是精心策划出来的"奇思妙想"。巴菲特的天性让他每年都达到一个新高度，与伯克希尔有关的所有事情也一样。当然，在年会这个"舞台"上，巴菲特的助手卡丽·索瓦（Carrie Sova）和她的团队确实做了大量的策划，这是举办这样一场盛大活动的必要准备。然而，伯克希尔年会能成为如今万众瞩目的活动，不是最初策划好的。

**这样的努力值得吗？**这是一个很难回答的问题，具体取决于你怎么看。对于巴菲特、芒格和伯克希尔来说，保持伯克希尔的文化和光环是否值得？那是当然的！对于另一家公司，比如对摩根大通或高盛来说，是否值得尝试实现这一目标就另当别论了。就像是有一个积极的正反馈循环，在这个良性循环中，年会放大了致股东信的影响力，致股东信又放大了伯克希尔的形象，而伯克希尔本身也放大了下一次年会的影响力。若是另一个有着不同形象的公司——或许更"建制"，更传统，更形式主义，可能会发现这种尝试正在破坏它的文化。

这些差异并不一定会让伯克希尔比更传统的公司做得更好，它们只是不同而已。诚然，对我们中的许多人来说，差异是讨人喜欢的，但最终我们中的大多数人并不太在意我们的组合投资是否"讨人喜欢"。如果伯克希尔没有取得如此巨大的财务成功，其他讨人喜欢的品质很快就会消失殆尽。当一位奥运金牌得主被问及她最喜欢的奥运经历是什么时，她的回答是："获胜。"

**如果伯克希尔的努力是值得的，为什么没有更多的公司这么做呢？** 嗯，这个问题问得好。的确如此，而且这些公司（至少其中一些公司）应该做出这样的努力。年会的基本要素（严肃的讨论，高级行政人员能够在短时间内对明智的问题做出反应）很可能会被其他公司仿效，而且在许多时候，这种情况确实存在。巴菲特和芒格都是在有过成功经营合伙制投资企业的经历后进入伯克希尔的，在合伙制投资企业里与投资者的认真互动（实际上是将投资者视为"合伙人"，尽管只是有限合伙人）比在公司环境中更为规范，而这无疑起到了帮助作用。但在2018年，许多二三十岁的年轻人都经营着形势严峻的公司。毫无疑问，他们当中的一些人可以稍微放松一下，从年会中学到经验教训。巴菲特和芒格通过致股东信与年会等手段与股东建立的融洽关系，以及由此产生的信任，给他们留出了偶尔犯错的余地，而在其他公司中，同类的失误有可能不被股东所容许。

伯克希尔的很多做法都可以被其他公司效仿，并带来盈利，但就像巴菲特和芒格做出的许多明智的决定一样，这是一个长期的过程，是一连串事情。一旦一家公司决定开始做这些事情，就不容易停下来，而且很可能没有什么即时的反馈。事实上，在相当长的一段时间内，这可能不会产生任何明确的回报。2018 年前后的年会模式是在 40 年前设定的，当时的会议规模要小得多，也没有那么多可以销售产品的子公司。当时，对大多数观察人士来说，年会给公司带来的好处并不明显，甚至对巴菲特和芒格来说可能也不明显。

但这是对待把钱托付给你的投资者的正确方式，巴菲特和芒格一直都重视这一点。正是基于这种鼓舞人心的核心认知，我们今天所知道的伯克希尔股东大会才得以不断发展壮大。

**在今天的演员离开舞台后，演出还会继续吗？** 我们被告知过，也相信，当巴菲特和芒格的"航海"生涯结束时，"伯克希尔"号这艘巨轮仍将驶向遥远的未来。（就目前而言，我将简单假设巴菲特和芒格会一起离开。）他们已经准备好让一名或两名新船长掌舵了，而且在新时代的第一年，无疑会召开一场与我们现在经历的类似的年会，哪怕只是为了让股东们有机会说声"再见"和"谢谢"。股东们需要以这种方式表达不舍和感激之情。

（一种假设是：巴菲特和芒格随时都可以决定在离开舞台之前结束演出。不少专业人士都会选择在他们事业的巅峰时期退休。对我来说，洛杉矶道奇队的桑迪·库法克斯一直是榜样，在打了 27 胜 9 负的赛季后，他于 1966 年退休。类似的退休，或者至少是退居幕后，在伯克希尔并不是不可想象的。而且毫无疑问，这将使下一任 CEO 的日子好过一些。）

在后巴菲特时代，第一次年会将是怎样的呢？看来年会的基本原则应该会延续下去。在一段相当长的时间里，高层领导（尽管可能会超过两个人）应该会在那里继续回答股东提出的问题。他们应该继续把股东视为所有者或合伙人。他们可能不会像巴菲特和芒格那样，时不时迸发出节奏轻松的火花，释放出别具一格的幽默感——除了百老汇和好莱坞的人，没有多少人做得到。但这对年会是否成功并不重要。任何一家公司的新管理层都需要找到一种让他们感到舒适的节奏，适合自己的才是最好的。在伯克希尔，开放、诚实和耐心是必不可少的，其余的装饰只是点缀而已。

如果伯克希尔的新管理层不能承担起与投资者保持与此前一样的关系的任务，我就会认为，巴菲特的选择是个错误。这是不太可能的。尽管巴菲特和芒格在言辞中并不避讳自己犯下的错误，但他们并没有犯太多错误，而且风险越大，他们犯错的可能性就越小。假设当那遥远的一天到来时我还健在，我还是会计划在 5 月的第一个星期六来到奥马哈——那应该是一个相当不错的体验。

☆　☆　☆

**西蒙·洛恩**（Simon Lorne）是纽约市千禧有限合伙企业（Millennium Partners）的副董事长兼首席法律官，也是芒格－托尔斯＆奥尔森律师事务所的前合伙人，并担任美国另类投资管理协会（Alternative Investment Management Association）的主席。

# 财富与梦想

## 雷蒙德·巴克·哈策尔

2002 年，我坐在飞往奥马哈的西南航空公司航班上，去参加伯克希尔年度股东大会。飞机上座无虚席，一股兴奋和期待的气息弥漫在整个机舱中。这是我第一次参加伯克希尔股东大会。扫视机舱，我看到祖父母们带着十几岁的孩子，金融分析师们谈论着商业问题，个人投资者之间相互寒暄。我仿佛参加了一个正在进行中的家庭聚会。虽然这些旅客彼此之间没有血缘关系，但他们有一些共同之处。当然，他们都是伯克希尔的股东，但最重要的是，他们玩得都很开心。

第二天一早，我和一个朋友来到会议中心。幸运的是，我们有记者证，所以我们越过了从凌晨就开始排的长长的蛇形队伍，顺利抵达会场。

年会上总会有一群年轻的股东，在亲人的陪同和帮助下学习业务。慈爱的股东们正在传递火炬，教育伯克希尔的下一代投资者。他们正在教授重要的课程——关于耐心的资本和复利的神奇力量，希望有一天能将这种恩惠传递给下一代。

由一部动画短片拉开年会序幕的形式是从 21 世纪初开始的。片中会有许多名人客串，还会开许多巴菲特和芒格的笑话。这种自嘲式的幽默能在与会者之间建立信任。动画短片和长达数小时的公开问答，在其他公司股东大会的议程上根本看不到。

一边品尝着樱桃可乐和喜诗花生脆，一边面对着成千上万名股东，要想准确回答他们提出的所有问题，就必须拿出更多的勇气。问答是这场资本主义朝圣之旅的关键，让人难以置信的是，企业管理层竟然会让自己和自己的决策年复一年地接受股东的问询。

伯克希尔的股东周末是管理层与其他股东之间黄金法则关系的例证。当许多人怀疑一家公司能否同时既做事又赚钱时，伯克希尔一直是一座灯塔。年会是一个鼓励直面困难的问题，然后给出诚实的答案的场合。

这是一个让员工看到公司核心价值的机会。每年他们都会播放一段巴菲特代表所罗门公司作证的视频，视频中巴菲特说：

"如果你让公司陷入亏损，我可以理解；但如果你让公司名誉扫地，我会毫不留情。"很明显，良好的声誉对伯克希尔来说至关重要。巴菲特意识到，一个好的名声可能需要一生的时间来建立，却可以毁于一次愚蠢的行为。沃伦·巴菲特的声誉是伯克希尔品牌的重要组成部分，也是一项值得捍卫的宝贵资产。

伯克希尔年会是一个可以直接对话和接受教育的场所。如今的 CEO 们很少写冗长的年度信函，也很少承认过去一年个人所犯的错误。年会是让股东了解伯克希尔面临的重大问题和机遇的又一次机会。

巴菲特有时甚至会邀请一位能干的卖空者出现在年度股东大会上，就业务提出一些棘手的问题。这种透明度在股东群体中既建立了信任，又增进了认知。一个见多识广的股东群体是一份很好的保单，可以在现任领导层任期结束后保护公司的价值观。

最好的领导者，他们永远身体力行、以身作则。巴菲特和芒格在年度股东大会上公开承认错误，并回答有关这些错误的问题，这传递了一个重要的信息：犯错没关系。让我们一起分享我们的错误，这样我们都能从中汲取教训，避免重蹈覆辙。

领导公开分享坏消息并承认错误，相当于给员工们开了坦承错误的"绿灯"。巴菲特要求坏消息尽快在伯克希尔中传播开来，因为好消息总是会来的。当问题被及时告知时，管理层通常可以更有效地处理坏消息带来的负面影响。如果坏消息被隐藏起来，它就会溃烂，所造成的损害通常会更严重。

　　从长远来看，文化重于战略。伯克希尔的年会是公司文化的重要组成部分，它展示了管理层与公司其他所有者之间建立的信任网络。我把文化定义为你在没人注意时的行为方式。如果一位商业领袖知道自己将在第365天与一群见多识广、充满激情的投资者进行公开问答，那么他在一年中的前364天里保持举止得体就容易得多。

　　多年来，伯克希尔的生态系统和影响力范围大幅扩张。长期股东拥有很强的道德感，而且每年都会得到加强。2002年，我记得我去了一位伯克希尔股东的家。她在一个公共讨论板上公开发出邀请，邀请人们在年会周末期间到她家做客。虽然我们在网络上交谈过，但从未谋面。这种不寻常的行为反映出伯克希尔股东群体的特殊性。

　　如果每家公司都满怀热情地迎接年会呢？如果它们把所有的利益相关者都当作长期合作伙伴呢？如果它们更关心长期的价值创造和客户忠诚，而不是当前股价的最大化，那会怎样呢？在很大程度上，由于沃伦·巴菲特的远见和掌控，伯克希尔做到了这一点。他们创造了世界级的产品和服务。他们雇用了成千上万的人，创造了巨大的财富。

　　伯克希尔及其旗下的公司也为他们经营的生态系统做了很多好事。也许伯克希尔生态系统的最大特点是它的所有者慷慨地回馈社会的程度。一次又一次，巴菲特带头将自己积累的财富几乎全部返还给了社会。重要的是，全世界以及下一代商界领袖和投资者看到了，梦想和财富能够如此成功地共生共存。没有什么比伯克希尔的年度股东大会更能体现这种共生关系了。

☆　　☆　　☆

**雷蒙德·巴克·哈策尔**（Raymond Buck Hartzell）是 The Motley Fool 公司的投资者学习与运营总监，该公司总部位于弗吉尼亚州亚历山大市。

# 你渴望成为的那个人

沙恩·帕里什

自 2008 年以来，我几乎每年都要参加伯克希尔年会。我的这种日常安排虽偶尔会有变化，但跟其他大多数人的相比，并无特别之处。即便如此，这种日常安排也成了我人生经历的一部分。

有一年，由于周五的航班被取消，我错过了当年的股东大会。自此以后，我决定扩大安全边际，在周四就到达奥马哈。如果航班准时的话，在周六的会议前我有两天的时间可以自由活动，我很好地利用了这段时间。通常情况下，会议前我都是和朋友、读者和商业伙伴在一起聚餐。

当重要的日子终于到来的时候，我和朋友们一起早早起床，大家一起去参加年会。我们会在世纪链接中心的南入口处排队，以便找个好座位。入口处挤满了来自世界各地的人（教授、大学生、企业家、投资者、对冲基金经理），几乎都是巴菲特和芒格的粉丝。可以说，这是一群各具特色、并不完全相同的人。

但作为一个群体中的一员，我们都有一些特殊的连接。不止一次，我们坐在外面的雨中讨论，忘却了恶劣的天气，讨论的话题有：第一结论偏差（first-conclusion bias）、保险浮存金、商誉会计的复杂性、最新收购的优点以及打折家具零售业的未来，等等。

会议开始后，我会尽可能专心听讲，但和大多数听众一样，我发现自己会时不时地走神。这些平淡无奇的问题似乎年复一年地重复着，并有着与前一年相同的、意料之中的答案。幸运的是，自从巴菲特通过邀请分析师和记者等方式改变了会议的形式，提问水平有所提高。

所以，不管困不困，我都听着，笑着，写着笔记，在会场逡巡着，吃着迪力巧克力棒和喜诗糖果，再回到年会，学到更多。我几乎重复着几个简单动作：写、吃、写、低声耳语、笑、写、低声耳语、笑、写……从某种意义上说，一整天下来，感觉我们才刚刚触及问题的表面。

年会结束后，该去街对面的酒店喝一杯了。我只想打个盹，但这不是我来这儿的目的。我试着去见一个特定的人，但是我看到了另一个人，当然他还有一个朋友。然后我看到一个来自伯克希尔的员工，我想问他一个问题，所以我暂时离开了我的朋友们。然后我看到了我那一年遇到的教授。然后我看到……这样持续几个小时，直到晚餐时间。

当然，晚餐更重要。更多的朋友，更多有关商业、投资、学习和思维模式的交谈；更多的奋起直追和迎头赶上。星期天，我仍起得很早，然后去吃另一顿早餐，或者参加一个早午餐会议。我遇到了更多的老朋友以及更多的新朋友。伯克希尔股东大会是一个"狼吞虎咽"的理想之地——不仅体现在食物上，更体现在友谊上。这种经历非常刺激，在轻度压力下会让我觉得"这些人比我聪明得多，我真的需要多读一些"。

更重要的是，年会提醒人们什么才是重要的。我们生活的世界充满了 24/7⊖的噪声——人们试图告诉我们要去了解新鲜和新奇的事物，我们可以免费得到一些东西，我们可以知道未知的东西。当你活在当下的时候，会陷入"不识庐山真面目，只缘身在此山中"的境地。只有当你退后一步或参加伯克希尔的年会时，你才会意识到你的头脑早已变得混乱，你已经不知道什么是重要的和有意义的。

奥马哈提醒我们，在人际关系中重要的是什么。当地人非常友善，能容忍 4 万人在周末突然造访。他们是如此善良，事实上，我称他们为"加拿大荣誉国民"。参加伯克希尔年会的人，往往

---

⊖　即每天 24 小时，每周 7 天。——译者注

是社会中某个独特子集的一分子。他们可能是银行家、教师、商人，甚至是失业者，但他们拥有相同的价值观，即延迟满足、品性正直且慷慨。他们都对学习有着强烈的欲望。在奥马哈，你找不到喜欢抱怨的人，找不到装腔作势的人，也找不到妄图一夜暴富的人。从本质上说，你会发现自己周围都是那些你想成为的人。

当听巴菲特和芒格说话时，那些无关紧要的声音就消失了。在这个地方，你会发现一样的话题、一样的语言、一样的模式、一样可预测的答案，甚至是基本一样的饮食习惯，年复一年。那么，如果答案总是一样的，为什么还要去呢？毕竟，我已经参加了近十年，到现在为止，巴菲特和芒格说的话我不是都听过吗？

**关键**就是答案保持不变。巴菲特和芒格每年都在谈论没有变化的基本原则，从未间断过。多年来，我从巴菲特和芒格身上学到最多的，是不变的美。当你学到了一些不会改变的东西后，你就可以从单调乏味的学习中走出来，开始发挥你的知识复利。虽然这种复利起初可能会让你慢下来，但它最终会提供指数级的回报。你可以运用像二阶思维这样永恒、流畅的原则来学习，它适用于各种各样的情况，而且很可能保持不变。还有什么比这样的学习更好的投资呢？

你可以实时看到如何把永恒的原则运用于现实。没有一厢情愿的想法，只有对世界的一个透视。将永恒的概念应用于任何话题，对世界正在发生的事情，都能揭示出深刻、多层次的真理。所有这些都在告诉你如何与世界合作，而不是对抗世界。

我不仅向巴菲特和芒格学习，还向在雨中等待的教授、大学生、企业家、投资者和对冲基金经理学习。在早餐、早午餐、午餐、晚餐和鸡尾酒会上，我向朋友和熟人学习。我从伯克希尔的员工和每年刚认识的专家那里学习，也从保险专业人士那里学习我想了解的保险知识。

离开奥马哈后，世界变得明朗起来。什么才是重要的，我感觉很明确了。周四时还让我觉得可能是世界上最紧急的事情，现在似乎变得不那么重要了。我做了更好的决定，我成了一个更好的人，而担忧已被搁置一旁。什么都不曾错过，因为重要的事情被放大了，我能更果断地做出此前一直推迟的决定。当我被这么多人包围时，我更加确信我想成为什么样的人。

我去奥马哈不是为了寻找答案，而是为了追逐梦想。我去那里是为了加深对工作和生活中重要思想的理解。这就像给汽车换机油。随着时间的推移，一些灰尘和黏稠物会进入你的油箱。一开始，如果你不经常更换机油，你的引擎就会运行不佳。如果你最终还是不换机油，你的引擎就会失灵。去参加伯克希尔的年会，对我来说是一次精神上的洗礼。

芒格一直称伯克希尔是一家"说教型"企业。有一段时间，我甚至去查了"说教"一词的含义，但还是不确定他的真实意思是什么。但我现在明白他的意思了。在一定程度上，年度股东大会和年度致股东信是在向股东尽告知义务，但它们的意义远不止于此。巴菲特和芒格无须把年会经营得如此富有成果。这是一个平台，通过这个平台，奥马哈的两位智者告诉我们事情是怎样的，并向我们展示事情可能会是怎样的。（令人发狂的是，他们通常是对的。）

这也是许多股东的看法。伯克希尔不仅仅是一家让我们赚了很多钱的公司。它不仅提供了一个学习如何赚更多钱的方法，还提供了一种生活哲学——一种关于信任、理性、终身学习和独立思考的哲学。

芒格喜欢说，如果他和巴菲特年轻时就停止学习，伯克希尔就不会成为现在的样子，而只能是一团泡影。我意识到，一连串会议的轮番来袭、缺少睡眠，这是我每年在奥马哈都要温故知新的一课。我们都在努力创造积极的结果，带着谦卑、感恩和清晰的想法，并以正确的方式去经营。我们正在努力成长。

还有什么能激励一群"疯子"飞越400、500甚至2000英里（或2400公里）去吃糖果，听几个老头儿谈生意呢？9年过去了，我仍然不知道答案。我只知道我是个疯子。只要伯克希尔还有我的一席之地，我就会继续回来。

☆　　☆　　☆

**沙恩·帕里什**（Shane Parrish）经营着一个名为"法纳姆大街"（farnamstreetblog.com）的博客。

第 9 章

# 客　户

THE WARREN BUFFETT
SHAREHOLDER

# 追寻价值投资之源

弗朗索瓦·罗尚

1992 年，我读到了彼得·林奇（Peter Lynch）所著的《彼得·林奇的成功投资》(*One Up on Wall Street*)<sup>⊖</sup>一书。林奇先生在书中写道，沃伦·巴菲特是世界上最伟大的投资者，没有之一。我知道我必须多读一些关于巴菲特的书。

当时还没有互联网，所以我给巴菲特先生写了一封信。他把伯克希尔 1977 年以来所有的年度致股东信都寄给了我。读了这些信后，我发现股市并不是赌场，你可以秉持强大的价值观理性地投资，并获得卓越的结果。我开始利用巴菲特先生的投资经验，管理一个家族投资组合。

---

⊖  此书中文版已由机械工业出版社出版。

　　几年后，我结束了自己的工程师生涯，开始进入投资领域。然后，在 1998 年年底，本着追求长期目标的原则，我创办了自己的公司——吉维尼资本（Giverny Capital），我的愿望是建造一座艺术博物馆。（吉维尼是伟大的印象派画家克劳德·莫奈的家乡。）

　　作为一名年轻的企业家，我的第一个重大支出决定是参加 1999 年的伯克希尔股东大会。我保留了记录着当年旅行总费用的一份复印件，金额是 807.49 加元。我还保留了大会入口处赠送的可口可乐纪念瓶。当时巴菲特还拥有当地小联盟球队的部分股权，许多股东过去常常参加官方棒球赛，我还珍藏了当时观赛的棒球帽。

　　参加 1999 年伯克希尔股东大会是我一生中最好的投资。我不仅在巴菲特先生身上看到了一位伟大投资者的身影，还在随后的年会上发现了许多与他拥有相同特质的人。我立即决定以巴菲特的方法为模板，创建吉维尼资本的文化。从那以后，我参加了伯克希尔的所有年会，只有 2001 年例外，那年我参加了我女朋友的一次商业活动。

　　参加伯克希尔股东大会，我们称之为一年一度的朝圣之旅。在我们的业务中，没有什么比去参加年会更重要的了。这是能让我们回归初心的地方。在这里，我们能遇到与我们有着密切商业联系的朋友。在这里，价值观和投资理念比金钱和成功更重要。

　　2002 年，我遇到了《投资圣经：巴菲特的真实故事》一书的作者安迪·基尔帕特里克，他出版的这本书几乎每年都有更新版。安迪和他的妻子帕特邀请我参加他们在伯克希尔公司年会周末期间举办的年度派对。我就是在那里遇到巴菲特先生的。他刚投完棒球比赛的第一个球，身上还穿着棒球服。

我和巴菲特先生交谈了一会儿。我告诉他，是他改变了我的生活。正是因为他，我每天都在做着自己热爱的事情。安迪很喜欢我的故事，并在他的书的下一版中加入了对我的介绍，包括我与巴菲特先生的合影。我在标题下面加了一句："到目前为止，这是我一生中最美好的一天。"近 20 年后，情况依然如此。

2003 年，我的商业伙伴吉恩 – 菲利普·布沙尔（Jean-Phillippe Bouchard）开始和我一起工作。在奥马哈，我们俩与许多其他投资者会面，他们和我们一样，对巴菲特式的投资风格充满热情。其中一位是帕特里克·莱格（Patrick Léger），他很快就成为我们美国大区的主管。

我们还认识了马克尔的汤姆·盖纳。2002 年，我第一次参加马克尔在奥马哈举办的年度早午餐。当时我并不真正了解这家公司，但我在听了汤姆的描述后就迷上了它。许多年后的 2013 年，我们最终购买了马克尔的股票。现在，我们还计划每年去里士满和汤姆对话。他和巴菲特先生是同一量级的人物。

在奥马哈，我花了很多时间与作家罗伯特·迈尔斯在一起，我同样是在 2002 年认识他的。多年来，罗伯特多次邀请我在他的价值投资者大会上发言。他把我介绍给了伯克希尔那些伟大的 CEO，比如小巴内特·赫茨伯格、凯文·克莱顿（Kevin

Clayton）、斯坦·利普西（Stan Lipsey），包括我所见过的最伟大的人之一——比尔·查尔德（Bill Child）。当我和比尔说话的时候，我觉得自己是世界上最重要的人。他是一个才华横溢的商人，也是一个热情大方的人，无论做什么事总是全神贯注。

2009 年，彼得·考夫曼出版了《穷查理宝典》第 2 版，其中收录了查理·芒格的多篇演讲。吉恩 – 菲利普在奥马哈万豪酒店认出了他。经过长时间的交谈，彼得要到了吉恩 – 菲利普的地址，几周后，吉恩 – 菲利普收到了一本由芒格签名的书。几年后，我们在洛杉矶拜访了彼得，并成为好朋友。

多年来，安迪和帕特·基尔帕特里克一直会邀请我们参加他们的年度聚会。我们认识了其他股东，很多是企业的 CEO 或者基金经理。这些都是很好的机会，我们可以就伯克希尔的年会情况以及我们各自的投资理念交换意见。但是十几年后的 2015 年，基尔帕特里克夫妇停办了他们的聚会。我们对此感到很沮丧，于是决定把火炬传递下去！从那以后，我和吉恩 – 菲利普一直在举办我们自己的后伯克希尔（after-Berkshire）派对。这是一个与朋友、投资者和志同道合者共度的美好夜晚。

☆　☆　☆

**弗朗索瓦·罗尚**（Francois Rochon）是加拿大蒙特利尔吉维尼资本（Giverny Capital）的创始人、总裁和基金经理。

THE WARREN BUFFETT
S H A R E H O L D E R

# 伯克希尔的文化传统

### 安德鲁·斯泰金斯基

我参加伯克希尔－哈撒韦的年度股东大会已经有十个年头了。很早以前,我就从两位持有伯克希尔－哈撒韦时间最长、持仓规模最大的投资者那里听说,这笔交易是值得的。这两位对我早期投资生涯影响最大的投资者就是谢尔比(Shelby)和克里斯·戴维斯(Chris Davis)。我唯一感到遗憾的是,我没有早点听从他们的劝告。

我的朋友、来自马克尔的汤姆·盖纳劝我:"提前几天到达,以最好的精神状态迎接年会!"我照做了,于是在周三或周四之前,我们就开始了有规律的晚餐——波旁牛排,还有纯正的波旁威士忌！我和彼得·考夫曼（《穷查理宝典》的作者）成了朋友，所以几年之后我开始了另一项晚餐传统。周五晚上，谢尔比、克里斯和史蒂夫·马克尔会像往常一样，在万豪酒店与芒格的家人和朋友们共进晚餐。

当然，最重要的是伯克希尔 – 哈撒韦的年会。一些非常聪明的同伴建议我们在会议开始前排几个小时的队，从早上5点开始，以获得靠前的座位。于是另一项传统开始了。传统就是传统，这是做某些非理性事情的唯一解释。

雨雪交加是对传统的真正考验。我们经受住了考验，每年都站在那里，风雨无阻。我一直相信机缘巧合的价值，我遇到的许多好人也证实了这一点。有一次，站在我旁边的一位好心的女士送了我一个免费的甜甜圈。我后来才知道，那是查理·芒格的女儿！谁会想到呢？

建议我们提前排队的人，名叫威尔·汤姆森（Will Thomson），他每年都会在戈瑞牛排馆与一群年轻的新锐投资经理共进晚餐。说来也巧，我们15个人的桌子每年都是同样的女服务员，那是一位可爱的女士，她疯狂地为这家过于繁忙的牛排馆服务。后来她离开了戈瑞，我们都期待能再次见到她，我不知道她能否感知到这一点。

一个简单的公司年会居然能变成一长串的年度传统，给我们的生活带来如此多的快乐，这难道不令人惊讶吗？

早些时候，我邀请了一位潜在客户（现在是我最亲爱的朋友）和我一起参加年会。杰米·巴特利特（Jamie Bartlett）从他在澳大利亚布里斯班的家高兴地远道而来，加入并创造新的传统。很快，我们便开始邀请来自世界各地（巴西、印度、中国、新西兰、欧洲）的企业家加入我们的传统活动，并不断创造新的传统。

25 年前，我启动了一个项目，与世界上最优秀的企业家见面。每年我们都会邀请新朋友来参加朝圣之旅，其中一些人可能错过了那么一两次。我们这个小组每年总是会有来自世界各地的 15 ～ 20 个朋友加入。杰米以难以置信的能力，帮助我组织和维护着这个团体。

在周日早上的马克尔早午餐后，我总是会问每个人，这周最精彩的是什么？这个团体总是会得出这样的结论：他们觉得人与人之间的互动最有价值。我本来以为他们肯定会说，是周五早上开车经过巴菲特家——这是另一项"愚蠢"的传统，还好我没有把这件事列入清单。

其他的传统来来去去，有增有减。我们经常在星期五晚上为马克尔的高管们举办鸡尾酒会。阿吉特·贾因经常会友好地过来打个招呼。我希望随着时间的推移，我们将加强这一传统。我们也被邀请参加星期六晚上由戴维斯基金和马克尔共同举办的晚宴。这样的事情实在是太多了，我之所述，也只是挂一漏万。明年我将继续在奥马哈创造新的传统，同时享受旧的传统。

☆　☆　☆

**安德鲁·斯泰金斯基**（Andrew Steginsky），特许金融分析师（CFA），他是纽约斯泰金斯基资本（Steginsky Capital LLC）的创始人和董事总经理。

THE WARREN BUFFETT
S H A R E H O L D E R

# 呐　喊

约翰·博格

沃伦·巴菲特是世界上最富有的人之一，这让他能够支持许多有价值的慈善事业。但他对社会最大的贡献，很可能是他能够以投资者容易理解的、通俗易懂的方式，解释简单的投资原则。他同样慷慨地赞扬那些与他有相同价值观的人。我是其中的一个幸运儿。

我的故事是这样的：2016 年 12 月底，我收到好友史蒂夫·加尔布雷斯（Steve Galbraith）的短信，让我在日历上为 2017 年 5 月 6 日的周末做一个"保留日期"的标记。他和妻子露西计划在 5 月 8 日为我庆祝 88 岁生日，但没有透露具体计划。

自 1999 年以来，我和史蒂夫一直是朋友，当时他是伯恩斯坦研究公司（Bernstein Research）负责基金管理公司的证券分析师。在他任摩根士丹利的首席投资官（CIO），以及之后作为对冲基金经理马弗里克（Maverick）的合伙人期间，我们的友谊继续加深。现在，他和露西一起在他们的同类资本顾问（Kindred Capital Advisors）基金管理公司工作。

史蒂夫后来告诉我，在奥马哈与巴菲特和他的新基金经理团队共进晚餐时，他提到了我们之间的友谊。当巴菲特也表达了同样的赞赏之情时，史蒂夫提出带我参加即将到来的年会。巴菲特认为这是个好主意，于是就策划了后来的活动。

在我不知情的情况下，史蒂夫询问了我在先锋基金的助理埃米莉·辛德（Emily Snyder）和我的妻子伊芙，并告诉她们，他计划用飞机送我去奥马哈参加伯克希尔－哈撒韦的年会，这是我以前从未做过的。

因此，当 5 月 5 日的早晨到来时，伊芙和我，带着女儿芭芭拉和女婿斯科特·伦宁格（Scott Renninger），驱车前往位于费城的大西洋航空私人飞机航站楼。我们刚到，一架载着史蒂夫和露西的 CJ 喷气式飞机就俯冲落下，把我们一家四口接了上去。我们就这样上路了！（我的儿子安德鲁和他的朋友凯瑟琳将于周六上午在奥马哈与我们见面。）

那架飞机飞得很快，一段短暂的旅途之后，我们在奥马哈着陆。作为先锋集团的创始人，我在投资界获得了大家的一些赞誉和认可，但这并没有让我预料到我们进入奥马哈希尔顿酒店时得到的高规格的礼遇。至少有 10 位宾客手持可拍照的 iPhone 手机，对我们的初来乍到表示欢迎并拍照留影。

后来，当我们一行 6 人在酒店用餐时，许多围观的群众继续拍照，他们彬彬有礼，动作敏捷。（我很快意识到，说"是"比说"不"然后再争论要有效得多。）

当我星期六早上醒来，从旅馆房间的窗户往外看时，我简直不敢相信我所看到的一切。从年会现场的世纪链接中心到我所能看到的最远的地方，有四条排成长龙的队伍。

据统计，2017 年年会有 4 万人参加，其中近一半人在体育馆，其余的人将通过视频远程观看。我们 8 位嘉宾被领进了会场的贵宾席，就在为伯克希尔－哈撒韦长期股东保留的座位后面，旁边是公司董事。巴菲特和芒格就坐在我们面前的舞台上。

巴菲特在开场白中总结了伯克希尔 2016 年的业绩，我不禁想知道，史蒂夫为什么带我们来到奥马哈。我的问题很快得到了回答，以下内容源自会议记录的摘录。

**巴菲特**：杰克·博格<sup>⊖</sup>，他为美国投资者所做的贡献，可能比美国其他任何一个人都多。杰克，你能站起来吗？看

---

⊖ 杰克（Jack）为约翰（John）昵称。——译者注

啊，他就在这里。

许多年前，杰克·博格并不是唯一一个谈论指数基金的人，保罗·萨缪尔森（Paul Samuelson）谈过，甚至本·格雷厄姆也谈过。但如果没有杰克·博格，指数基金不会是现在这个样子。事实上，发展指数基金不符合华尔街投资界的利益，因为它大幅降低了费用。总体而言，指数基金给股东带来的回报，好于华尔街专业人士的整体表现，因为它们大大降低了成本。

当杰克开始创业时，只有极少数人（当然不是那些华尔街人士）为他鼓掌。他成了一些人嘲笑的对象。当我们谈到指数基金时，我们谈论的规模是数万亿美元。当我们谈到指数基金的费用时，我们谈论的是几个基点（basis points），但当我们谈到其他基金的费用时，我们谈论的是数百个基点。我估计，杰克把钱节省下来，放进了投资者的口袋里，而没有伤害到他们的整体业绩，他把数百亿、数百亿、数百亿元的资金放进了投资者的口袋里。随着时间的推移，这些数字将会是数千亿。星期一是杰克的 88 岁生日，所以我想说，生日快乐，杰克。我代表美国的投资者们感谢你。（掌声）

杰克，我有个好消息要告诉你。周一你就 88 岁了，再过两年，你就有资格在伯克希尔担任高管了。坚持住，伙计。（笑声）

我又惊又喜，我站了起来，向巴菲特、芒格和欢呼的人群挥手致意。我承认，沃伦·巴菲特的慷慨陈词深深地打动了我，在我 67 年的职业生涯中，这是一个"值得纪念的"日子。对于这些铺天盖地的支持和认可，我只能说："谢谢伯克希尔的股东们。"

在巴菲特的"呐喊"之下，寻求与我合影的人数激增。以至于我发现，在中场休息前 5 ～ 10 分钟离开会场是很有用的。从此以后，我也开始明白，为什么摇滚明星等艺人如此渴望避开跟踪他们一举一动的"狗仔队"。但我承认，在这个盛大的场合，我为自己对投资界的贡献，以及那些将资产委托给先锋指数基金的投资者的财富增长，感到非常满意。（我也有普通人的情感！）

当巴菲特在年会上赞扬我对投资蓝图的贡献时，伯克希尔的一些股东可能会感到惊讶。但至少从 1996 年起，巴菲特就开始赞扬指数化投资和先锋集团。在伯克希尔 – 哈撒韦 2016 年致股东的信中，巴菲特提出了一个或许更为慷慨的赞美："如果要为对美国投资者做出最大贡献的人树立一座雕像，毫无疑问的选择应该是杰克·博格……他是投资者的英雄，也是我的英雄。"

这不是第一次了，巴菲特和我的投资原则虽然相去甚远，但有一定的共同点。巴菲特曾一诺千金，与对冲基金经理特德·赛德斯（Ted Seides）打赌 100 万美元，认为未来 10 年先锋 500 指数基金（Vanguard 500 Index fund）的业绩将超过特德选择的任何 5 只对冲基金的平均业绩。果然不出所料（至少对我来说是这样的），巴菲特轻松地赢了这场赌局，奥马哈少女时代公司（Girls，Inc.）获得了 280 万美元的财富。

巴菲特在 2014 年致股东的信中指出，大多数投资顾问"在收取高额费用方面要比在创造高额回报方面做得好得多。事实上，他们的核心竞争力是销售技巧。投资者（无论资金规模大小）与其听信他们的引诱之词，不如读一读杰克·博格的《投资稳赚》"。巴菲特在 2013 年致股东的信中写道，他已指令妻子的信托受托人将她 90% 的资产投资于先锋 500 指数基金。

在 1996 年致股东的信中，巴菲特写道："持有股票的最佳方式，是购买一只费用最低的指数基金。遵循这条道路的投资者，在扣除费用支出后，其业绩肯定会超过绝大多数投资专业人士的净业绩表现。"

史蒂夫·加尔布雷斯在为我 2017 年出版的新书《投资稳赚》（10 周年纪念版）写推荐语时，认可了我和沃伦·巴菲特不同的两种投资方法：

> 100 年后的今天，历史学家只会记得这个时代的两位投资者——沃伦·巴菲特和杰克·博格。他们会注意到哪两本书？一本是巴菲特高度赞誉的投资"圣经"——本·格雷厄姆的《聪明的投资者》，还有……杰克·博格所写的一切。在投资的世界里，聪明的狐狸林立，杰克仍然是一只看似笨拙的刺猬。

在伯克希尔－哈撒韦年会后的当天晚上，史蒂夫和露西带着我们一行人，在奥马哈最好的牛排馆里享用了一顿美餐。他们还邀请了几位基金经理同行，包括特德·赛德斯，他在与巴菲特的那场十年赌约中败局已定。（我决定不提那个令人不快的话题。）

然后，我们前往奥马哈希尔顿酒店，参加晚宴后的酒会。（我很高兴地付了账。）后来，当伊芙和我漫步穿过大厅时，热切的围观群众还在用 iPhone 拍照。我很想躲起来逃跑，但还是同意再来一次。我的判断是正确的，准备好 iPhone 的三个人是伯克希尔－哈撒韦的员工。我和他们谈得很愉快，并热情地招待了他们。

然后，我们走向电梯。在那里，一位身穿制服的美国航空公司飞行员掏出了他的 iPhone。我暗自嘀咕，见鬼！我再一次展示出良好的判断力！他想为他的叔叔拍张照片，他的叔叔是先锋集团的一名员工。（在办公室外，以一个好人而不是混蛋的形象示人会更好！）

终于回到我们的房间，我这一天都感到精神很振奋，我向伊芙建议我们"自拍"一下。（真相是：我心里虽然想着自拍，但觉得我们已经"受够了"——我在 2008 年出版的那本书中，也写过这句话。）

赞美是美妙的，认可也是，甚至被围观群众追着拍照也没关系（几乎没有）。但与他人的持久联系，才是生活的价值所在。我珍视与沃伦·巴菲特和与史蒂夫·加尔布雷斯之间的友谊，以及我们之间的相互钦佩和欣赏，他们都是正直、聪明的重量级人物。正如在 2017 年伯克希尔 - 哈撒韦年会上所做的那样，在我的有生之年，这些联系会一直持续。

☆　☆　☆

**约翰·博格**（John C. Bogle）是先锋基金公司（Vanguard）的创始人，他写了很多书，其中包括《投资稳赚》（*The Little Book of Common Sense Investing*）。

# THE
# WARREN BUFFETT
# SHAREHOLDER

第 10 章

# 传　奇

THE WARREN BUFFETT
SHAREHOLDER

# 成为商业秀的一分子

## 查尔斯·阿克勒

我参加伯克希尔股东大会已经有 30 多年了。在那段时间里，一开始我感觉自己像一个亲密家庭的一员，后来变成了成千上万参加摇滚音乐会的人之一。这两种状态都让我感到充实，而且我以后也不会改变主意。

我第一次参加伯克希尔的年会，是在 20 世纪 80 年代中期。巴菲特在年报中邀请股东参加他每年在奥马哈主持的股东大会，时间定在 5 月的第一个星期一。那是 1985 年，年会在奥马哈市中心的红狮酒店举行，有 250 人参加。我能回忆起来的细节很少，只记得我遇到一位来自旧金山的股票经纪人，他在 1973 年参加了伯克希尔的第一次年会，当时是在美国国民保险公司的员工餐厅举行的。

第二年的年会在乔斯林艺术博物馆的大礼堂里举行，大约有 1000 人参会。休息厅里摆放着满是冰块的镀锌饮料桶，人们尽情地享用可口可乐。此外，巴菲特和芒格在与会者中漫步，会和见到的每个人聊天。

1990 年，年会地点迁到了奥马哈市中心的奥芬剧院，这座剧院修缮得很好。这次会议就像高校的学术报告会一样，许多股东来到讲台上，巴菲特和芒格花时间为股东们在年度报告上签名。股东们开始扮演"狂热信徒"的角色。

当一位长期坐在前排的股东介绍他 10 岁的儿子时，巴菲特展露出他对伯克希尔股东群体的熟稔程度。他说，这是这个家庭的第三代伯克希尔股东了。他很清楚这对这个家庭有多大的帮助，在向这个 10 岁的孩子致谢时，他用特有的幽默打趣道："我有个孙女，想让你见见。"

在接下来的 5 年里，伯克希尔的年会吸引了大约 1500 名股东，并一直在奥芬剧院举行。在这几年里，巴菲特和一位同事买下了当地的小联盟棒球队——奥马哈皇家棒球队，并邀请股东参加年会前的球赛。这些去棒球场的经历，增加了融入的体验，我在棒球场遇到了很多有趣的人。伯克希尔变成了一个由"巴菲特叔叔"领导的大型投资家族。

1995 年，年会转移到假日酒店会议中心，在那里连续举办了两届年会。这是一个即将废弃的场所，但它成功地容纳了越来越多的观众，现在大约可容纳4000人。

随着时间的推移，我对年会的新鲜感逐渐消退，现在我是这场商业秀的一分子。正是在这段时期，伯克希尔开始对外展示其所拥有的参控股子公司的产品，令人难忘。巴菲特化身首席推销员，毫不掩饰地兜售这些企业的产品。

年会规模继续扩大，会场移到了奥马哈的阿克萨本体育馆，约有8000人出席。2000年，会场搬回到市中心的市政礼堂，在那里举行了4年，然后在2004年搬到了奎斯特中心——后来改名为世纪链接中心。

当伯克希尔收购通用再保险公司时，股东人数激增，出席股东大会的人数也在激增，伯克希尔股东大会迅速发展成为一场国际性的盛会。

甚至回答问题的方式也改变了，但这是必然的。这不再是一个大家庭围坐在一起提问题、参与讨论，而是更加正式了：由记者、分析师和股东轮流到麦克风前提问。

即使参加了几十年的年会，我还是会去。为什么？

（1）这是企业行为史上独一无二的经历。它不会被复制。巴菲特**总是**会回答所有问题，并给出经过深思熟虑的回答，这是史无前例的。每个股东都有发表意见的权利。

（2）对我来说，纯粹的表达和清晰的思路很有价值，而且每个人的谦逊令人震惊。我把自己每年一次的朝圣之旅称为"高山仰止"。

（3）年会期间有这么多活动，我有机会与聪明、成熟的投资者交谈。如果不来参会，我绝不会遇到他们中的大多数人。

（4）巴菲特营造的诙谐幽默的气氛令人愉快，极富感染力。

（5）巴菲特的幽默感很棒，这是有价值的，显示了他对生活方方面面的积极态度，他拥有乐观向上的能力。

（6）芒格是巴菲特幽默和温和气质的完美衬托。

如果你从未去过伯克希尔股东大会，那就去吧。如果你和我一样是资深股东，我希望你享受整个过程。不管怎样，我希望我们能在下次见面时握握手。

☆　　☆　　☆

**查尔斯·阿克勒**（Charles T. Akre）是弗吉尼亚州米德尔堡阿克勒资本管理有限责任公司（Akre Capital Management, LLC）的 CEO 和首席投资官。

THE WARREN BUFFETT
SHAREHOLDER

# 伯克希尔大学

## 丹尼尔·皮考特

1982 年，我读到了约翰·特雷恩（John Train）的《跟我学投资》（*The Money Masters*）一书，书中介绍了包括沃伦·巴菲特在内的 9 位杰出投资者。读完这本书，我脑海里灵光一闪。我说："我要回炉重造了。这些投资者是我的导师。他们说的和写的就是我的课程。"我感到很兴奋。我要研究世界上最伟大的投资者，他们就像是我在哈佛大学的导师一样。我迫不及待地想了解他们的一切，并想办法像他们一样投资。

在意识到巴菲特是一个值得学习的大师之后，我一口气读完了他写给伯克希尔股东的所有年度信件。当时我遇到一个人，他有巴菲特在前伯克希尔时代（pre-Berkshire）写给合伙人的信，我也如饥似渴地读完了。从我的住所到奥马哈伯克希尔年会的会场，只有 90 分钟的车程。但要参加，你必须是股东。那一年，我毫无畏惧地以 2570 美元的价格购买了伯克希尔 – 哈撒韦的一股股票，也就是现在的伯克希尔 A 股。

我还记得 1985 年第一次参加年会时的场景。这是一件令人兴奋而又惬意的事。我认识的当地的一位注册会计师（CPA）科里·雷恩（Corey Wrenn）正在门口检票。科里是一位入职不久的新员工，1983 年被伯克希尔的审计部门聘用。大学毕业后，科里在艾奥瓦州华苏城从事了两年的公共会计工作，认为这不是他一生想做的事，果断辞职。

在寻找新工作时，他接到了奥马哈一位猎头的电话，对方告诉他，伯克希尔 – 哈撒韦正在招聘一名内部审计师。科里问道："伯克希尔是什么？"猎头说："是沃伦·巴菲特经营的公司。"科里又问道："巴菲特是谁？"他不知道伯克希尔是干什么的，也不知道巴菲特是什么人。尽管如此，他还是接受了这份工作，并开始与审计部门的其他六七名员工一起工作，对伯克希尔的子公司进行审计，并排好时间表，为季度财务报表和巴菲特的其他商业活动做准备。

科里只是 1984 年年会的观察员。由于当时出席的人数不足 50 人，他不需要做任何事情。但第二年，观众明显增加，所有人都严阵以待。当股东们涌进会场时，科里负责为他们检票，但他很快就被人潮淹没了。内布拉斯加家具城的高管之一艾文·布鲁姆金（Irv Blumkin）看到了科里的困境，开始帮他一起检票。

当科里正忙碌地检票时，一个人试图在没有入场券的情况下进入会场。科里喊道："对不起！你需要一张入场券。"那人停了下来，科里抬头看着他，没想到是沃伦·巴菲特。科里向他道歉，巴菲特继续走了进去。

后来，一位女士带着六七个人走过来，也没有入场券。科里又一次喊道："对不起，你需要一张入场券！"她看着他说："我是苏珊·巴菲特。"原来是巴菲特的妻子。在很短的时间内，科里连续阻止了巴菲特和他的妻子参加他们自己的年会。

当得知科里被伯克希尔录用时，我感到一阵嫉妒。我很羡慕他能从巴菲特那里直接学到知识。（那时我根本无法料到，8年后，科里离开伯克希尔，成为我的商业伙伴。）但当时我没有把注意力放在科里身上。我的眼睛盯着舞台。

沃伦·巴菲特和查理·芒格坐在礼堂的舞台上，面对着300名股东（当时我觉得这个数字很大）。我意识到，如果我要学习，我就必须站起来，提出那些我想知道答案的问题。为了拿到麦克风，我写了一页又一页详细的问题。

我紧张地问了一个问题，巴菲特和芒格的回答相当精彩。我想，**这是个很棒的答案。他们具有"化腐朽为神奇"的魔力，把我愚蠢的问题变成了杰作。我一直在想：是什么让我花了这**

么长时间才来到这里？为什么我以前没来过这里？

自从我 1985 年第一次参加年会以来，年会形式已经改变了很多。刚开始时这只是一项活动，然后变成一台盛大演出，现在这是一个内容丰富、为期 3 天的聚会。但在 1985 年，300 名与会者已经被认为是很大的规模了，因为仅仅 6 年前还只有 13 人参加。时间快进到 2015 年，有近 4 万人参加。

在很短的时间内，伯克希尔年会从一个小型的私人系列讲座演变成了一项美国商界人士梦寐以求的活动。组织者很乐意接待每年蜂拥至奥马哈的粉丝、朋友、学生和购物者。事实上，他们已经设法把整场活动延伸到整个周末，旨在打造一个内容丰富有趣、为期 3 天的盛典。

应对更大规模的参会人数，对于组织者来说，一直是一项巨大的挑战。长期参加年会的人，往往会怀念过去更安静、更亲密的会议。但不管怎么说，这些年会仍然像大学教育一样有价值。

☆　☆　☆

**丹尼尔·皮考特**（Daniel Pecaut）是艾奥瓦州华苏城皮考特投资公司（Pecaut & Company）的 CEO。丹尼尔与科里·雷恩（Corey Wrenn）共同撰写了《伯克希尔大学》（*University of Berkshire Hathaway*）。

THE WARREN BUFFETT
SHAREHOLDER

# 无可替代的伯克希尔直播秀

## 蒂姆·梅德利

　　1988 年春天，我告诉妻子简，我又要去奥马哈度周末，去听沃伦·巴菲特谈论有关伯克希尔－哈撒韦的话题了。我的妻子反问道："你的意思是，你花 1000 美元大老远跑到内布拉斯加州，就为了听一个人讲一个小时？你就不能听磁带录音吗？"她的问题是可以理解的，因为在这 3 天时间里，她要独自照看分别是 9 岁、7 岁和 5 岁的 3 个孩子，而我却在伯克希尔股东大会召开前的周末，在各种鸡尾酒会上与纽约和芝加哥的价值投资者、中西部农民和财经记者谈笑风生。是的，一盘磁带也并非不可以，但我知道，没有任何一盘磁带可以捕捉到年会的全部信息。

两年前，我读到了沃伦·巴菲特在年会上对投资者提问的回答，我用个人退休账户（IRA）里的 2600 美元买了伯克希尔的 A 股（当时还没有 B 股），这几乎是我当时所有的钱。虽然我已经在一家投资经纪公司工作了 14 年，但我很想了解更多。

1987 年，我抵达奥马哈开启了我的第一次年会之旅。我前往伯克希尔控股的内布拉斯加家具城，去见罗斯·布鲁姆金夫人，也就是我们所说的 B 夫人。她在 93 岁的高龄，还开着一辆库什曼高尔夫球车，在宽敞的地毯区四处走动。广为人知的故事是，在 53 岁生日那天，巴菲特以 6000 万美元的价格从 B 夫人那里买下了这家家具城。B 夫人告诉我："巴菲特甚至从来没有清点过存货，也没有检查过应收款项。他相信我的话，给我拿来支票。"B 夫人为自己的出身感到自豪，她说："德国人把我当作犹太人对待，我不会把家具城卖给他们。而巴菲特先生很欣赏移民。"

我第一次参加伯克希尔股东大会时，约莫有 300 人参加了会议。在大会开幕前，我在乔斯林艺术博物馆的接待区见到了巴菲特先生，他的简朴给我留下了深刻的印象。他身穿蓝色运动夹克和灰色休闲裤，戴着一副并不时髦的眼镜，头发凌乱，看上去就像一位等待比赛开始的高中篮球教练。当他和查理·芒格缓步走上舞台时，观众们充满敬意地注视着他们，并瞬间安静下来。当我回到家，我立即写信给我的客户。

　　如果你相信美国的资本主义制度，但在过去 10 年里对我们的一些商业领袖产生了怀疑，那么就成为伯克希尔的股东吧！最近，《福布斯》杂志将沃伦·巴菲特先生列为美国第五大富豪。但很难想象，在处理与股东的关系上，还有谁比巴菲特更谦逊、更礼貌、更聪明、更公平。

　　对于每股 3500 美元的价格，巴菲特先生不愿透露这个价格是高于还是低于它的内在价值，而我认为这个价格大致是正确的。因此，如果你不是伯克希尔的投资者，你可能会想买一两股；如果你是，你可能会想增加你的持股。

1987 ~ 2015 年，我参加了伯克希尔的每一次年会。通过聆听巴菲特和芒格先生的金玉良言，我的投资和理财知识逐年增长。在五六年的时间里，巴菲特与芒格的投资哲学开始影响我的思维，下面是他们在那段时间里的一些观察，对此我深有同感。

**你打算收购哪种类型的公司？** 他们的回答是："我们喜欢这样的公司——产品的成本只花费 1 美分，但产品可以卖 1 美元，而且消费者习惯已经形成。我们不喜欢易受变化影响的公司，因为我们想永远持有自己的公司。"

**约翰·肯尼斯·加尔布雷斯曾写道，股市可能会崩盘。请问如何看待这种论断？** 他们的回答是："聪明的人在预测市场时会出洋相。在 20 世纪 50 年代，本·格雷厄姆曾就股市问题在国会出席听证会。他说，'股市点位看起来很高，确实很高，但并没有看上去那么高'。我们从未遇到过一个能预测市场的人。买一些你可以永远持有的股票，如果它们下跌 50%，因为你不打算卖出，就不会因此而烦恼了。"

**你对房地产投资有什么看法？** 他们的回答是："我们认为这是一项一般的投资。看看洛克菲勒中心，它可能是由世界上最好的开发人员，在世界上最昂贵的地段上开发的。然而，如果你看看它产生的现金净流量，就会发现，作为一项投资，它的效果并不那么好。我们必须关注这些房地产项目是否能退出。"

**自 20 世纪 80 年代末以来，你成功预测出垃圾债券市场的问题，那你为何没有做空股票？** 他们的回答是："我们已经发现了一些巨大的欺诈行为，但很难知道它们会持续多久。这个房间里有 3 个人在 1963 年预测了西联汇款（Western Union）的问题。我们基本上是对的，只是我们早了 27 年。"

**如果从今天重新开始，你会做哪些和以往不同的事？** 他们的回答是："我们可能不会尝试进入纺织行业。当时的我们不是傲慢就是天真。现在我们认为，我们是以很好的价格收购了一家一般的公司。投资的诀窍是与优秀的企业打交道。如果你想参加自由式游泳比赛，随波逐流要比努力划水容易得多。"

1993 年，有人问巴菲特先生："你如何看待企业管理中的性别平等问题？你们所有的经理人都是男性。"巴菲特回答道：

"在我们收购这些公司时，就是这些经理人，现在也还是他们。我坚信，世界上 50% 的人才是女性。在我那个年代，女人不是当护士就是当老师。这个国家一半的人才只占据了 5% 的工作岗位。我相信天赋是平等的，对此我毫不讳言。"

1988 年有人提出一个问题："你能预测到经济衰退吗？它会对伯克希尔产生什么影响？"巴菲特回答道："我们不知道什么时候会出现衰退。这是宏观经济学的范畴，而且我们不做预测。每天都要表现得聪明些，这是投资的诀窍。你不能根据预测来选择买入或卖出公司——我无论如何也不会相信预测。"

年会之前有很多社交聚会，其中最引人注目的是年会前一天在波仙珠宝店举办的派对。广受赞誉的波仙珠宝经理艾克·弗雷德曼无处不在，当一位股东似乎对一件昂贵的珠宝感兴趣时，艾克很快就出现在他们身边，回答他们的问题。《财富》杂志的卡萝尔·卢米斯，也就是巴菲特先生年报的御用编辑，经常出席波仙珠宝店的派对，有一次还自豪地戴上了一条新手链，上面的护身符代表着她对伯克希尔年会的回忆。

不过，值得注意的是，GEICO 和国民赔偿等保险公司的管理人员通常都会缺席。不过有一天下午，伯克希尔最赚钱的部门之一——再保险集团的阿吉特·贾因现身了，并遭到了众人的"围追堵截"。查克·哈金斯（Chuck Huggins）经营喜诗糖果的时候，总是能吸引一大群人。我记得他说过，巴菲特先生在批准一笔房地产交易（好像是一座仓库）时犹豫不决。查克告诉我们，在缠了巴菲特一年之后，他同意了这笔收购，但马上警告说："不要付太多钱……"

《布法罗新闻报》（Buffalo News）的斯坦·利普西（Stan Lipsey）是一位受欢迎的听众。利普西是土生土长的奥马哈人，是巴菲特先生的朋友，也是巴菲特持有的这家报纸的顾问。他曾因在伯克希尔旗下的《奥马哈太阳报》（Omaha Sun）上报道了博伊斯镇的过度筹资行为而荣获 1973 年的普利策奖。当 1980 年伯克希尔收购《布法罗新闻报》时，巴菲特先生请利普西帮忙。当我告诉利普西，在互联网时代来临之前我从来没有读过《布法罗新闻报》时，他说："我明天会送一份报纸到你的酒店房间。"后来，他真的这么做了。

一天下午，在波仙珠宝店，人已经很少了，我在为我不在场的妻子挑选珠宝时，发现芒格的夫人也出现在了同一个展台上。她是一个身材高大、相貌迷人的女人。我们交谈了几句，我印象很深刻的是，她在谈到丈夫时说："芒格就像一个年轻人，总是匆匆忙忙。"

20 世纪 90 年代初，巴菲特先生与我就公共教育问题进行了简短的交谈，因为在此之前，我们曾交换过信件，主要内容就是我在密西西比领导的一个项目——试图让学生们留在公立学校。在讨论结束时，他说："如果你来奥马哈，打电话给我，我们一起吃午饭。"如果当时的我像现在一样聪明，我应该说：
"我下周就去奥马哈。我随时都能和您会面。"

　　在参加了前三次年会后，我离开了投资经纪行业，成立了
一家投资管理公司，为客户管理资金，只收取最基本的管理费
用。最开始时，44 名客户向我的公司委托了 800 多万美元，如
今我和我的合伙人为大约 500 名客户管理着 6.6 亿美元。伯克希
尔是我们最大的单一持仓，我鼓励我们所有的客户（以及其他
所有人）在 5 月的第一周去奥马哈，看看为什么参加年会是一
个不用犹豫就可以轻松做出的决定。

☆　　☆　　☆

　　**蒂姆·梅德利**（Tim Medley）是密西西比州杰克逊市梅德
利 – 布朗（Medley & Brown）金融咨询公司的合伙人，也是红
杉基金公司（Sequoia Fund，Inc）的董事。

# 后　记

　　四个盲人正在森林里散步，这时他们遇到了一头大象。"要弄清楚它是什么，我们必须摸一下来判断。"其中一个盲人说道。第一个人把手放在象鼻上说："这是一条蛇。"第二个人摸了摸大象的耳朵，猜想这是一把扇子。第三个人把手放在大象的身体上，宣称这是一堵墙。最后一个人摸了摸象牙，从它光滑、坚硬的质感和形状判断，这是一支长矛。

　　这就是"盲人摸象"的故事。这个著名的寓言，其寓意与这本书想要告诉我们的一样：同一种现实，根据个人的取向，可以有不同的解释，可以用多种方式来描述。

　　当我们告诉同事和朋友们关于这本书的计划时，大家都担心投稿者会说同样的话。然而，读完这本书之后，你就会知道，这种担心是没必要的。

诚然，伯克希尔年度股东大会每年都在同一时间、同一地点举行，但人们对年会的体验大相径庭。当统一的主题出现在这些投稿者的文章中时，在不同人的笔下，反映出来的特质（能量、活力、价值以及它的独特性）却各有千秋。他们用不同的小插曲来款待我们，并提供了多种多样的参会心得。

只要阅读这本书，你就能看到围绕年会而出现的大量亚文化。正如文章作者告诉我们的，伯克希尔年会是他们来到奥马哈的主要动力，但对他们来说，围绕年会的各种活动几乎同样重要。尽管每个人都出席了年会，但年会前后，人们分散在奥马哈各处。各种会议、小组讨论、晚宴、年度招待会，甚至是另一场股东大会。

这本书的大多数作者，都对他们过去的经历进行了总结，不过也有一些人对未来提出了自己的看法。展望未来 15 ～ 20 年，他们想知道伯克希尔和年会将会变成什么样子。任时光飞逝，岁月改变，有些事物依旧如初（Plus ca change, plus ca la meme chose）。我们总是说，向本·格雷厄姆普及的这条法国谚语致敬，它的意思是变化越多，它们就越保持不变。我们的猜测是：每次年会既有相同的主题，也有不同的内容——同样的主题、价值观、正能量，但角色在不断变化。

伯克希尔年会的未来，将取决于公司自身的未来，尤其是其经济表现。虽然过去的业绩并不能保证未来的业绩，但形势对伯克希尔依然有利：一群出色的企业，由优秀的经理人接班管理，同时拥有雄厚的资本积累和精明的资本分配者。

伯克希尔经常被比作一个艺术品收藏馆，馆长是沃伦·巴菲特，藏品就是伯克希尔旗下的子公司。在股东大会上，有多重身份可以用来刻画伯克希尔的股东群体：游客、客户，当然，还有展览爱好者，以及新手和常客的向导、讲解员和导师。即使基本原则被多次重复，就如同标准化的教义一般，但总是有一些新的东西要去感知、去学习、去参与。

伯克希尔的文化之所以能保留这些特点，股东在其中也发挥了自己的作用。他们既热忱又耐心，既怀疑又忠诚，既严肃又有趣。伯克希尔拥有一个良性循环：强大的经理人、强大的企业和强大的所有者。当然，没有什么是必然的，但在我们看来，伯克希尔似乎会始终屹立不倒。

我们猜测，这个春季将继续吸引伯克希尔的忠实股东们，来参加这个学习商业、投资和生活的奥马哈盛会。我们希望你能总结和思考一下，自己在伯克希尔股东大会上的内心体验。如果你这样做了，请写一篇文章并寄给我们。我们可能会把你的文章收录到这本书的未来版本里去。

劳伦斯 & 斯蒂芬妮

2018 年 4 月

# 本书作者介绍

**查尔斯·阿克勒**是弗吉尼亚州米德尔堡阿克勒资本管理有限责任公司的 CEO 和首席投资官。

**基思·阿什沃思–洛德**是桑福德·迪兰资产管理公司的董事总经理，这家公司总部位于英国曼彻斯特。基思也是《巴菲特投资哲学》的作者。

**菲尔·布莱克和贝丝·布莱克**是内布拉斯加州奥马哈市"书虫"书店的共同所有者和经营者，他们于 1986 年创办了这家书店。

**约翰·博格**是先锋基金公司的创始人，这家公司总部位于宾夕法尼亚州福吉谷，约翰·博格写了很多书，其中包括《投资稳赚》。

**帕特里克·布伦南**，CFA，他是布伦南资产管理有限责任公司的创始人和基金经理。布伦南公司是一家专注于价值投资的企业，总部位于加利福尼亚州纳帕。

**兰迪·切普克**是《与沃伦·巴菲特共度周末暨股东大会探秘》的作者。

**劳伦斯·A. 坎宁安**是乔治·华盛顿大学教授、乔治·华盛顿大学纽约分校创始教员主任、星座软件公司董事。劳伦斯写过很多书，其中包括《超越巴菲特的伯克希尔》。

**罗伯特·德纳姆**是芒格－托尔斯＆奥尔森律师事务所洛杉矶办事处的合伙人，该律所常年担纲伯克希尔－哈撒韦的法律代表。他也是雪佛龙、《纽约时报》集团、芬莎公司以及橡树资本集团的董事会成员。

**托马斯·盖纳**是弗吉尼亚州里士满市马克尔公司的董事兼联席 CEO，同时也是第一电缆、科尔法和格雷厄姆控股公司的董事，以及戴维斯基金的董事长。

**乔尔·格林布拉特**是纽约市哥谭资本的创始人、总裁、联席首席投资官，也是泽纳投资管理公司的董事。乔尔写过几本书，包括《股市稳赚》。

**罗伯特·哈格斯特朗**，CFA，系斯迪富金融公司的资产管理子公司——权益指南针策略公司的全球领导者基金的高级投资经理，同时也是《巴菲特之道》的作者。

**雷蒙德·巴克·哈策尔**是 The Motley Fool 公司的投资者学习与运营总监，该公司总部位于弗吉尼亚州亚历山大市。

**英格丽德·亨德肖特**，CFA，弗吉尼亚州布里斯托亨德肖特投资有限公司创始人、总裁兼 CEO。她也是面向长期投资者的季刊《亨德肖特投资》的编者。

**马克·休斯**是马里兰州阿什顿市拉法叶投资公司的权益研究总监。

**普雷姆·贾因**是华盛顿乔治城大学 Elsa Carlson McDonough 商学院会计和金融系主任，也是《巴菲特超越价值》的作者。

**托马斯·约翰森**是堪萨斯州海斯堡州立大学经济、金融和会计系教授。

**史蒂夫·乔丹**是《奥马哈世界先驱报》的商业记者，自 1967 年以来他一直在这家报社工作。同时，他也是《奥马哈先知》的作者。

**大卫·卡斯**是马里兰大学罗伯特·史密斯商学院金融系教授。

**维塔利·凯茨尼尔森**是科罗拉多州丹佛市价值投资公司——投资管理联合公司的 CEO 兼首席投资官，也是《如何在横盘的市场上赚钱》的作者。

**卡伦·林德**是特龙 3D 打印公司的总裁兼 CEO，以及私人投资公司胡麻资本的负责人。同时，卡伦也是《伯克希尔的巾帼之星》的作者。

**西蒙·洛恩**是纽约市千禧有限合伙企业的副董事长兼首席法律官，也是芒格－托尔斯 & 奥尔森律师事务所的前合伙人，并担任美国另类投资管理协会的主席。

**托马斯·曼尼蒂**是伯克希尔－哈撒韦旗下迈铁公司的董事长兼 CEO，于 2018 年退休。他自 1977 年以来就在该公司供职。

**杰夫·马修斯**从 1993 年起担任拉姆有限合伙企业的普通合伙人，2017 年退休。杰夫写过几本书，其中包括《亲历巴菲特股东大会》。

**蒂姆·梅德利**是密西西比州杰克逊市梅德利－布朗金融咨询公司的合伙人，也是红杉基金公司的董事。

**罗伯特·迈尔斯**是内布拉斯加大学奥马哈分校工商管理学院的驻校高管。罗伯特写过一些书，其中包括《沃伦·巴菲特的 CEO 们》。

**奥尔萨·奈斯利**是伯克希尔－哈撒韦旗下政府雇员保险公司（GEICO）的董事长兼 CEO，自 1961 年以来他一直在 GEICO 工作。

**沙恩·帕里什**经营着一个名为"法纳姆大街"（farnamstreetblog.com）的博客。

**丹尼尔·皮考特**是艾奥瓦州华苏城皮考特投资公司的 CEO。丹尼尔与科里·雷恩共同撰写了《伯克希尔大学》。

**约翰·佩特里**是塞萨资本的创始人和管理成员，也是成功学院特许网络的董事会成员。

**劳拉·里滕豪斯**是投资者沟通和培训公司里滕豪斯排行榜的 CEO，著有多本书，包括《读懂上市公司：掘金股市公开信息》。

**弗朗索瓦·罗尚**是加拿大蒙特利尔吉维尼资本的创始人、总裁和基金经理。

**吉姆·罗斯**是奥马哈国际机场哈德逊书店的经理。

**托马斯·拉索**是拉索＆加德纳有限责任公司的管理层成员，也是森佩尔·维克合伙企业的普通合伙人。

**安德鲁·斯泰金斯基**，CFA，他是纽约斯泰金斯基资本的创始人和董事总经理。

**麦克雷·赛克斯**是纽约市赖伊地区加贝里公司的高级研究分析师。

**菲尔·特里**是合作共赢公司和阅读奥德赛的创始人兼 CEO。同时，他也是《与客户共舞》的合著者。

**田测产**是 GuruFocus 网站的创始人和 CEO，也是《像大师一样投资》的作者。

**惠特尼·蒂尔森**是凯斯学习的创始人兼 CEO，他通过该平台教授有关价值投资、创业和普适智慧的课程。他也是《穷查理宝典》的撰稿人之一。

**布鲁斯·惠特曼**是伯克希尔－哈撒韦旗下飞安国际的董事长、总裁兼 CEO，他自 1961 年以来一直在该公司工作。

**约翰·温根德**是克瑞顿大学海德商学院经济和金融系教授和系主任。

**贾森·茨威格**是本杰明·格雷厄姆经典著作《聪明的投资者》当代版的编辑，并为《华尔街日报》撰写"聪明的投资者"专栏文章。

# 编 者 简 介

　　**劳伦斯·A.坎宁安**是一名商业法教授，也是纽约市和华盛顿特区的咨询顾问。他的著作广受好评，包括《巴菲特致股东的信》《超越巴菲特的伯克希尔》《优质投资》(*Quality Investing*)、《AIG 的故事》(*The AIG Story*)。坎宁安是乔治·华盛顿大学的教员，也是乔治·华盛顿大学纽约分校的创始教员主任，这所分校为有抱负的华尔街律师提供高强度培训项目。坎宁安毕业于特拉华大学和卡多佐法学院，曾在克雷巴斯－斯温＆摩尔律师事务所（Cravath，Swaine & Moore）担任交易律师，从事公司治理方面的咨询工作，并在多家私人和公众公司的董事会任职。目前，坎宁安担任星座软件公司的董事，同时也是特拉华大学商学院院长顾问委员会委员。

　　**斯蒂芬妮·库珀**是纽约的一名房地产顾问，她的职业生涯包括开发阿瓦隆湾、在道富环球顾问公司（State Street Global Advisers）从事投资工作以及在普衡律师事务所（Paul Hastings）从事法律咨询工作。

斯蒂芬妮毕业于宾夕法尼亚大学和卡多佐法学院，写作领域广泛，成绩
斐然，既有获奖的非小说类文学作品，又有深受女性欢迎的流行专栏。
作为一名连续创业家，斯蒂芬妮创办的项目包括专注于网络技能培训的
"火球网络"（Fireball Network）和面向年轻母亲的职业辅导项目"向
上吧！妈妈！"（MomUp）。斯蒂芬妮也是布鲁克林精益特许学校和蒙特
菲奥里医疗中心／爱因斯坦医学院顾问委员会委员。

☆　　☆　　☆

劳伦斯和斯蒂芬妮伉俪情深，婚姻幸福，两人是伯克希尔－哈撒韦
股票的共同持有人，在年度股东大会上一路携手相随。他们有两个令人
羡慕的女儿，目前居住在纽约市。

# 致　　谢

感谢你们，感谢我们所有的读者。如果没有你们，我们的努力将毫无意义。同样重要的是，要感谢为这本书建言献策的作者们，感谢他们多年来的无私友谊和倾力支持。在创作这本书的过程中，我们还结识了一些新朋友，感谢罗杰·洛温斯坦、Jim Campbell、Jonathan Boyar 和惠特尼·蒂尔森的热心介绍与引荐。

感谢罗杰·洛温斯坦、卡萝尔·卢米斯、安迪·基尔帕特里克和马里奥·加贝里对这本书的好评与推荐。特别感谢 Chuck Akre，他提供了一套完整的历年伯克希尔年度股东大会出席证，同时感谢沃伦·巴菲特，允许我们以此装饰这本书的封底。

感谢 Harriman House 的编辑 Craig Pearce，是他提出了这本书的构思。我们与他合作过几个项目，包括《优质投资》和《巴菲特致股东的信专题论文集》(*Buffett Essays Symposium*)。多年来，Harriman House

一直是《巴菲特致股东的信》的英国经销商。在大西洋彼岸，这本书自
1998 年起副标题定为"投资者和公司高管教程"（*Lessons for Investors and
Managers*）。特别感谢 Christopher Parker 为本书设计的版式，感谢
Kate Boswell 和 Sally Tickner 的后勤保障工作。感谢 Lillian White 协
助校对。

　　最后，我们要感谢伯克希尔年度股东大会的核心人物——股东们，
感谢他们让年会变得有意义，同时也要感谢组织者——Debbie Bosanek
和 Carrie Sova，他们让年会成为一种可能。我们还要感谢巴菲特，是他
创造并维系了这样一个独特的集会，他是这一切的总导演。特别感谢菲
尔·布莱克和贝丝·布莱克，还有吉姆·罗斯，他们在年会前后无私分
享了图书销售业务方面的智慧。

　　这本书中的所有章节，都是作者原创。我们从以前的出版物中摘录
和改编了一些片段，并注明了出处，希望得到作者的许可：

- 兰迪·切普克《与沃伦·巴菲特共度周末暨股东大会探秘》（2007）。
- 杰夫·马修斯《亲历巴菲特股东大会》，《财富》杂志再版（2008）。
- 丹尼尔·皮考特与科里·雷恩合著的《伯克希尔大学》（2017）。
- 贾森·茨威格刊登在《金钱》杂志（*Money*）上的一篇文章（2004）。

写下你的股东大会故事吧！

# 推荐阅读

| 序号 | 书号 | 书名 | 序号 | 书号 | 书名 |
|---|---|---|---|---|---|
| 1 | 30250 | 江恩华尔街45年（珍藏版） | 42 | 41880 | 超级强势股：如何投资小盘价值成长股 |
| 2 | 30248 | 如何从商品期货贸易中获利（珍藏版） | 43 | 39516 | 股市获利倍增术（珍藏版） |
| 3 | 30247 | 漫步华尔街（原书第9版）（珍藏版） | 44 | 40302 | 投资交易心理分析 |
| 4 | 30244 | 股市晴雨表（珍藏版） | 45 | 40430 | 短线交易秘诀（原书第2版） |
| 5 | 30251 | 以交易为生（珍藏版） | 46 | 41001 | 有效资产管理 |
| 6 | 30246 | 专业投机原理（珍藏版） | 47 | 38073 | 股票大作手利弗莫尔回忆录 |
| 7 | 30242 | 与天为敌：风险探索传奇（珍藏版） | 48 | 38542 | 股票大作手利弗莫尔谈如何操盘 |
| 8 | 30243 | 投机与骗局（珍藏版） | 49 | 41474 | 逆向投资策略 |
| 9 | 30245 | 客户的游艇在哪里（珍藏版） | 50 | 42022 | 外汇交易的10堂必修课 |
| 10 | 30249 | 彼得·林奇的成功投资（珍藏版） | 51 | 41935 | 对冲基金奇才：常胜交易员的秘籍 |
| 11 | 30252 | 战胜华尔街（珍藏版） | 52 | 42615 | 股票投资的24堂必修课 |
| 12 | 30604 | 投资新革命（珍藏版） | 53 | 42750 | 投资在第二个失去的十年 |
| 13 | 30632 | 投资者的未来（珍藏版） | 54 | 44059 | 期权入门与精通（原书第2版） |
| 14 | 30633 | 超级金钱（珍藏版） | 55 | 43956 | 以交易为生II：卖出的艺术 |
| 15 | 30630 | 华尔街50年（珍藏版） | 56 | 43501 | 投资心理学（原书第5版） |
| 16 | 30631 | 短线交易秘诀（珍藏版） | 57 | 44062 | 马丁·惠特曼的价值投资方法：回归基本面 |
| 17 | 30629 | 股市心理博弈（原书第2版）（珍藏版） | 58 | 44156 | 巴菲特的投资组合（珍藏版） |
| 18 | 30835 | 赢得输家的游戏（原书第5版） | 59 | 44711 | 黄金屋：宏观对冲基金顶尖交易者的掘金之道 |
| 19 | 30978 | 恐慌与机会 | 60 | 45046 | 蜡烛图精解（原书第3版） |
| 20 | 30606 | 股市趋势技术分析（原书第9版）（珍藏版） | 61 | 45030 | 投资策略实战分析 |
| 21 | 31016 | 艾略特波浪理论:市场行为的关键（珍藏版） | 62 | 44995 | 走进我的交易室 |
| 22 | 31377 | 解读华尔街（原书第5版） | 63 | 46567 | 证券混沌操作法 |
| 23 | 30635 | 蜡烛图方法：从入门到精通（珍藏版） | 64 | 47508 | 驾驭交易（原书第2版） |
| 24 | 29194 | 期权投资策略（原书第4版） | 65 | 47906 | 赢得输家的游戏 |
| 25 | 30628 | 通向财务自由之路（珍藏版） | 66 | 48513 | 简易期权 |
| 26 | 32473 | 向最伟大的股票作手学习 | 67 | 48693 | 跨市场交易策略 |
| 27 | 32872 | 向格雷厄姆学思考，向巴菲特学投资 | 68 | 48840 | 股市长线法宝 |
| 28 | 33175 | 艾略特名著集（珍藏版） | 69 | 49259 | 实证技术分析 |
| 29 | 35212 | 技术分析（原书第4版） | 70 | 49716 | 金融怪杰：华尔街的顶级交易员 |
| 30 | 28405 | 彼得·林奇教你理财 | 71 | 49893 | 现代证券分析 |
| 31 | 29374 | 笑傲股市（原书第4版） | 72 | 52433 | 缺口技术分析：让缺口变为股票的盈利 |
| 32 | 30024 | 安东尼·波顿的成功投资 | 73 | 52601 | 技术分析（原书第5版） |
| 33 | 35411 | 日本蜡烛图技术新解 | 74 | 54332 | 择时与选股 |
| 34 | 35651 | 麦克米伦谈期权（珍藏版） | 75 | 54670 | 交易择时技术分析：RSI、波浪理论、斐波纳契预测及复合指标的综合运用（原书第2版） |
| 35 | 35883 | 股市长线法宝（原书第4版）（珍藏版） | 76 | 55569 | 机械式交易系统：原理、构建与实战 |
| 36 | 37812 | 漫步华尔街（原书第10版） | 77 | 55876 | 技术分析与股市盈利预测：技术分析科学之父沙巴克经典教程 |
| 37 | 38436 | 约翰·聂夫的成功投资（珍藏版） | 78 | 57133 | 憨夺型投资者 |
| 38 | 38520 | 经典技术分析（上册） | 79 | 57116 | 高胜算操盘：成功交易员完全教程 |
| 39 | 38519 | 经典技术分析（下册） | 80 | 57535 | 哈利·布朗的永久投资组合：无惧市场波动的不败投资法 |
| 40 | 38433 | 在股市大崩溃前抛出的人：巴鲁克自传（珍藏版） | 81 | 57801 | 华尔街之舞：图解金融市场的周期与趋势 |
| 41 | 38839 | 投资思想史 | | | |